Bênção Incondicional

Outras obras publicadas pela NOVA ERA:

Além da trilha menos percorrida
M. Scott Peck

Faça sua vida valer a pena
Emmet Fox

Gratidão: um estilo de vida
Louise L. Hay

O paraíso fica perto
Leo Buscaglia

A propagação do amor
Betty J. Eadie

Uma vida que vale a pena
Bo Lozoff

Howard Raphael Cushnir

Bênção Incondicional

A felicidade é possível

Tradução de
CLAUDIA MARCONDES

NOVA ERA

Rio de Janeiro
2003

CIP-Brasil. Catalogação-na-fonte
Sindicato Nacional dos Editores de Livros, RJ.

C99b   Cushnir, Howard
       Bênção incondicional: a felicidade é possível / Howard Raphael
       Cushnir; tradução de Claudia Marcondes. – Rio de Janeiro: Record:
       Nova Era, 2003.

       Tradução de: Unconditional bliss
       ISBN 85-01-06682-6

       1. Bênção. 2. Conduta. I. Título.

                                    CDD – 299.934
03-1704   CDU – 299

Título original norte-americano
UNCONDITIONAL BLISS

Copyright © 2000 by Howard Raphael Cushnir
Publicado originalmente por Quest Books, propriedade da Theosophical
Publishing House, 306 West Geneva Road, Wheaton, IL, 60187 EUA.
Edição em língua portuguesa publicada mediante acordo
com Theosophical Publishing House.
Contatos podem ser obtidos pelo endereço eletrônico
olcott@theosophia.org, ou consultando o site www.theosophical.org

Todos os direitos reservados. Proibida a reprodução, no todo ou
em parte, sem autorização prévia por escrito da editora, sejam
quais forem os meios empregados.

Direitos exclusivos de publicação em língua portuguesa para o Brasil
adquiridos pela
DISTRIBUIDORA RECORD DE SERVIÇOS DE IMPRENSA S.A.
Rua Argentina 171 – Rio de Janeiro, RJ – 20921-380 – Tel.: 2585-2000
que se reserva a propriedade literária desta tradução

Impresso no Brasil

ISBN 85-01-06682-6

PEDIDOS PELO REEMBOLSO POSTAL
Caixa Postal 23.052
Rio de Janeiro, RJ – 20922-970

EDITORA AFILIADA

Para Josh Baran e Mary Beth Albert

MEUS BELÍSSIMOS SINAIS DE BÊNÇÃO

Seja paciente com tudo o que está mal resolvido em seu coração e tente amar as dúvidas como se elas fossem enigmas ou livros escritos em uma língua completamente desconhecida.

O essencial é viver intensamente. Viva as dúvidas agora.

— RAINER MARIA RILKE

Sumário

Introdução   9

Primeira Parte — Termos Iniciais

Capítulo 1   Como eu sei sobre a bênção   15
Capítulo 2   Não acredite em uma palavra do que eu disser   17
Capítulo 3   Este não é um livro *New Age*   19

Segunda Parte — Bênção Básica

Capítulo 4   Um momento de definição   23
Capítulo 5   Contraindo e expandindo   25
Capítulo 6   Resistência   28
Capítulo 7   Aceitação   31
Capítulo 8   Conscientização   35
Capítulo 9   A primeira tentativa   38
Capítulo 9   A segunda tentativa   40
Capítulo 10   Sem bloqueios   43
Capítulo 11   Obstáculos   46
Capítulo 12   A arte de perguntar   51
Capítulo 13   O objetivo   57
Capítulo 14   Vivenciando as perguntas   60
Capítulo 15   O veneno perfeito   64
Capítulo 16   A lista de bens   70

Terceira Parte — Bênção Avançada

Capítulo 17	Discordância	77
Capítulo 18	Radar	85
Capítulo 19	Reserva	89
Capítulo 20	Conexões	99
Capítulo 21	Oscilando	106
Capítulo 22	Girando	113
Capítulo 23	Inquietação	121
Capítulo 24	Ardendo	129
Capítulo 25	Emperrado	139

Quarta Parte — Além da Bênção

Capítulo 26	Ouvido de cão	149
Capítulo 27	Inferno	159
Capítulo 28	Tesouro escondido	171
Capítulo 29	Mistério	175
Capítulo 30	Mais mistério	182
Capítulo 31	Mistério ainda maior	190

Agradecimentos 193

Introdução

TODO MUNDO QUER SENTIR-SE BEM. NATURALMENTE, NÓS procuramos atividades que nos dão prazer e evitamos aquelas que nos fazem sofrer. Para alguns, isso envolve estratégias sofisticadas e o adiamento de recompensas. Para outros, é uma tarefa tão simples quanto seguir em frente e fazer o que se gosta.

Todos os seres humanos são complicados e cada ser humano é único. Conseqüentemente, são incontáveis as formas de buscar a satisfação. Com freqüência, nossas histórias e circunstâncias de vida proporcionam sérios obstáculos ao longo do caminho. Mesmo depois de superados esses obstáculos, a maioria de nós ainda conserva uma opinião profunda e arraigada sobre o quanto de prazer nos é *permitido* ter.

O que une as pessoas em sua busca pelo prazer é a idéia de que ele surge como uma resposta à experiência. Sexo, dinheiro, poder, amor — todos são vistos como alavancas excepcionais. Ao mesmo tempo, pessoas atentas conseguem ver que nenhuma dessas alavancas será capaz de oferecer prazeres duradouros, a menos que o próprio ambiente possa mantê-los e sustentá-los.

Na procura pela paz interior, nós gastamos horas incontáveis e muito dinheiro. Nosso investimento é feito em livros, terapias, retiros e técnicas, como o yoga e a meditação. Acreditamos que, ao nos tornarmos pessoas melhores, mais felizes, nossa verdadeira experiência de vida também se iluminará.

Essa atitude, em geral, leva a um grande sucesso. Deixamos a vida fluir mais facilmente e enxergamos os fatos com maior distanciamento. Ainda assim, a vida é difícil para todos, e o sofrimento sempre aparece em vários momentos ao longo do caminho. Não há trabalho interior que nos prepare, por exemplo, para a morte de um ente querido. Na verdade, muitos consideram que *não deveria* haver mesmo. Estar engajado na vida significa encarar o que vier e reagir com profundidade e autenticidade.

Concordo com esse argumento, mas ele só considera uma parte da história. Eu tentarei contar a outra parte neste livro.

Imagine uma existência de bênção constante e sempre disponível. Imagine que essa felicidade nada exija e de nada dependa. Imagine que ela seja a base de toda experiência e que nem mesmo o mais trágico dos acontecimentos da vida possa alterar sua força ou sua presença.

Eu sei que essa felicidade existe. Eu sei porque eu a vivo. E eu acredito que você também pode vivê-la.

E o melhor de tudo é que para viver no esplendor dessa bênção você não precisa ser como eu nem como ninguém. Você não precisa ter fé em Deus nem em qualquer outro credo. Seja tímido ou extrovertido, cristão ou ateu, revolucionário ou conservador, essa bênção pertence a você.

"Tudo bem, onde está ela então?", você deve estar se perguntando. A resposta é simples. A bênção à qual estou me referindo está bem lá no fundo de cada um, sempre presente, mas raramente utilizada. Para utilizá-la, devemos responder a duas questões. Precisamos formulá-las com muita paciência e propósito. Precisamos incorporá-las, vivê-las.

Neste breve texto, eu tentarei descrevê-las, explorá-las e fornecer a você tudo o que for necessário para torná-las suas. Se você agüentar bem até o final e começar a viver essas duas questões, você poderá, em pouco tempo, experimentar uma bênção tão infinita quanto indescritível.

O livro inicia com uma rápida orientação — *Termos Iniciais* — que explica por que eu decidi escrevê-lo e sugere uma forma de abordá-lo. A segunda parte — *Bênção Básica* — fornece os fundamentos das questões, esclarece-as e, então, demonstra como colocá-las em uso. Este primeiro passo é elementar, pois evita muitos subterfúgios e complicações. A terceira parte — *Bênção Avançada* — encaixa aquelas pecinhas soltas do jogo. A quarta parte — *Além da Bênção* — analisa como o fato de vivenciar as duas questões pode mudar radicalmente nossa perspectiva.

A forma como você lê o livro poderá ser determinada pela sua expectativa sobre ele. Se você está intrigado com o que leu até agora, então continue firme até o fim. Se você está impaciente e quer chegar logo à parte da bênção, então pule imediatamente para o Capítulo 4. Se você está com alguma resistência, pensando se valerá à pena continuar, então vá primeiro ao Capítulo 17, dirigido àqueles em que prevalece uma visão discordante. Se em qualquer momento ao longo da leitura, você se desesperar e suspeitar de que as circunstâncias de sua vida impedem a bênção, então leia logo o Capítulo 25. Lá, nós examinaremos alguns obstáculos comuns e alguns passos práticos para vencê-los.

Sejam quais forem suas expectativas, eu espero, sinceramente, que você consiga prosseguir. Se isso acontecer, você não terá precisado aprender sobre a bênção da forma como eu aprendi, que é mais difícil e muito mais sofrida.

Finalmente, é preciso dizer que nada neste livro pertence a mim. A bênção, assim como as questões que levam a ela, são produto do grande mistério que existe na fonte de toda existência. Eu me submeto a essa fonte, deleito-me com ela e espero um dia encontrar você lá.

PRIMEIRA PARTE

Termos Iniciais

CAPÍTULO 1

Como eu sei sobre a bênção

POR MAIS DE VINTE ANOS, COM UM CORAÇÃO EM BUSCA E uma mente cética, eu pesquisei bastante sobre mercado espiritual. Explorei não só minha herança judaica, como também quaisquer outras tradições que surgissem diante de mim. Em minhas investigações jurei não acreditar em nada relativo a fé que eu não tivesse experimentado diretamente. Exceto por alguns poucos momentos excitantes, eu não encontrei nenhuma bênção.

Porém eu de nada reclamava. Considerava-me uma pessoa afortunada. Era abençoado em muitos aspectos e já havia realizado muitas coisas. Eu cresci numa família difícil (e quem não cresceu?), mas me empenhei bastante para esquecer a maior parte de minhas mágoas. Minha carreira e minha vida pessoal estavam indo bem. Eu tinha saúde. Previ os altos e baixos da vida e administrei tudo razoavelmente bem.

E então, subitamente, tudo ruiu. Os detalhes da tragédia não são o assunto deste livro. O importante é o quanto eu fiquei infeliz. Todas as minhas certezas sobre a vida caíram por terra. Aos 34 anos, eu sentia que não sabia de absolutamente nada.

De certa forma, aquele acontecimento acabou me ajudando. Eu estava quebrado, vulnerável, e o buraco que se abriu era grande o suficiente para a graça entrar. A palavra graça, aqui, não tem nenhuma conotação religiosa. Não tem nada a ver com "enxergar a luz divina", ou "aceitar um salvador", ou "alcançar uma compreensão profunda". No meu caso, graça significava o início de uma transformação interior. Espontaneamente, e sem esforço, minha experiência de vida foi transformada de forma súbita e irrevogável.

Em meu interior, na região que chamamos coração, originou-se a interminável experiência da bênção. Por qualquer que seja a razão, eu senti alegria, paz e afeto. A princípio eu pensei que fosse alguma experiência especial, ou um estado de espírito passageiro, mas não passou, e já se vão cinco anos.

Então, lá estava eu, o mesmo cara de antes, com a mesma vida em ruínas, mas em vez de me sentir arruinado, tudo parecia maravilhoso. A bênção em meu coração irradiava-se pelo meu corpo e, através dele, para qualquer um que se dispusesse a recebê-la.

O melhor de tudo era que, aparentemente, nada me estava sendo exigido para que a bênção continuasse. Era uma dádiva misteriosa, sem nenhuma obrigação atrelada a ela.

Desde o início eu decidi observar com atenção o que estava acontecendo. Senti que minha vida, naquele momento, continha a verdade que eu tanto havia procurado, e eu não a deixaria mais escapar.

E não deixei. Eu me agarrei a ela, e agora passo adiante para você.

CAPÍTULO 2

Não acredite em uma palavra do que eu disser

NORMALMENTE, NUM LIVRO COMO ESTE, O ESCRITOR APRE-
senta uma tese e depois tenta prová-la. Você, leitor, segue a seqüência de idéias do autor. No final, se conseguir chegar tão longe,
você decide se concorda ou discorda.

Em geral, o leitor é um pouco influenciado pela posição e
reputação do autor. Você, com certeza, escolhe ler num livro porque tem razões para respeitar as opiniões do autor. Talvez o autor
seja um especialista renomado ou possa comprovar anos de estu-
do sobre o tópico em questão.

Neste livro, entretanto, eu não pretendo provar coisa alguma. E não reivindico nem uma gota de conhecimento sobre o
assunto. Não espero que você acredite no que eu digo; na verdade, eu espero que você não acredite.

Em vez disso, vou apresentar a você uma série de observações sobre minha vida. Essas observações me levam a crer que
conduzir a experiência da bênção é possível a, praticamente, todos os seres humanos, em qualquer momento.

Soa exagerado? A mim soaria se eu estivesse em seu lugar.
Mas eu espero que ao ler mais, você venha a compreender tudo
sozinho.

Isso não acontecerá só porque minhas observações são coerentes. Mesmo que sejam, e que você concorde com elas, nada irá mudar além de suas crenças. E o objetivo aqui é algo muito mais profundo.

Eu sugiro que você duvide das minhas observações, como um bom cientista. Eu convido você a testá-las em sua vida. Eu proponho que você experimente-as quando for fácil, quando for um desafio e quando parecer completamente impossível. Só então, caso isso aconteça, você estará compartilhando essa dádiva que me foi ofertada.

CAPÍTULO 3

Este não é um livro New Age

ESTE NÃO É UM LIVRO NEW AGE. NA VERDADE, É QUASE O oposto. Você deve estar se perguntando por que eu mencionei isso. A resposta está no que o rótulo *New Age* representa.

Em minha experiência, dois princípios básicos são a essência da maior parte das idéias *New Age*. O primeiro é que cada um de nós cria a própria realidade, do mundo que vemos à nossa volta para nosso mundo interior. De acordo com essa lógica, nós podemos mudar qualquer situação de que não gostamos. O difícil é aprender como fizemos aquilo acontecer daquela forma e como redirecionar o processo para conseguir um novo resultado.

Conduzir a vida dessa maneira pode levar a uma valiosa autocapacitação. Muitas pessoas se utilizam disso para revelar crenças pessoais restritivas. Parece-me, entretanto, que essa forma de agir pode dar uma ênfase exagerada ao nosso poder de controle. E pode fazer com que nos culpemos, erroneamente, pelas circunstâncias de nossas vidas. Algumas vezes, e isto é pior ainda, essa forma de agir nos faz negar o que somos. E negar o que se é, como descobriremos logo, impede que as mudanças aconteçam.

O segundo princípio básico do movimento *New Age* é que cada um de nós possui um potencial ilimitado. Se pudermos liberar esse potencial, então, todo o amor, saúde, sucesso, poder e dinheiro do mundo serão nossos. A maioria dos livros, fitas e seminários do movimento *New Age* ensina técnicas para liberar esse potencial.

Este livro não. Embora saúde, sucesso, poder e dinheiro sejam produtos necessários para vivenciar as questões, eles nunca são o objetivo. Nosso foco será a experiência de cada momento, e não os resultados. Na verdade, estaremos aqui explorando a bênção, que nada tem a ver com as particularidades de sua vida.

O que quero dizer é o seguinte: você pode viver na bênção mesmo que esteja sozinho, doente, falido e quebrado. Não que eu espere isso, ou que o deseje para você, mas essas circunstâncias são possíveis.

O que examinaremos nas próximas páginas é uma perspectiva que separa nosso modo de ser de tudo o que conseguimos ou não conseguimos realizar. Nós somos livres para cuidar de nossas vidas como bem entendermos, mas não conte com isso para conseguir sua satisfação pessoal.

Faz algum sentido? Você acreditaria nessa verdade? Talvez, como tantos outros, você esteja preso à idéia de que o modo como você se sente é o resultado do que acontece em sua vida.

Se assim for, eu lhe proponho interromper completamente essa certeza por algumas horas.

SEGUNDA PARTE

Bênção Básica

CAPÍTULO 4

Um momento de definição

PENSE EM UMA ATIVIDADE QUE LHE DÊ GRANDE PRAZER. Pode ser cantar, ler, caminhar ou mesmo assistir a seu programa de televisão favorito. Uma vez selecionada a atividade, pare alguns segundos e reconstitua a sensação que essa atividade lhe proporciona.

Agora, pense em uma pessoa que você ama mais do que qualquer outra no mundo. Se não lembrar rápido de alguém tente um bicho de estimação ou mesmo um lugar. Uma vez selecionado seu amor, pare alguns segundos e invoque o sentimento que ele faz brotar.

Feito isso, respire fundo, sorria e junte o prazer e o amor. Deixe-se envolver neste momento. Esta é a bênção, completa e simples.

Prazer + Amor = Bênção

Essa é a fórmula, nós só precisamos refiná-la. Enquanto essa bênção estiver centrada em um ato ou em uma coisa, ela estará fadada a chegar e a, depois, esvair-se. Por essa razão, esse tipo de bênção é temporário, e não é a que estamos procurando. Uma fórmula mais acurada seria:

Prazer + Amor − Causa = Bênção Permanente

Se você concorda, experimente um pouquinho agora. Relembre suas duas "causas", deixe a bênção fluir e, então, conscientemente, deixe que as causas desapareçam. Se você conseguir manter a sensação de bênção, ela não desaparecerá. Pelo menos por algum tempo, enquanto sua mente não tomar outro rumo.

Em minha vida, eu descobri que a bênção está sempre presente, que ela é permanente. E isso é um grande alívio, porque significa que eu não tenho que criá-la. Mas, apesar de a bênção estar sempre presente, eu não estou sempre lá com ela. Às vezes, eu escolho estar em algum outro lugar; outras vezes, sou arrebatado por um dos muitos hábitos e padrões de comportamento.

É claro que não sou só eu que faço isso. Essa é, essencialmente, a condição humana. O problema que todos enfrentamos na vida não é como criar mais bênção, ou como encontrá-la, mas, simplesmente, como garantir o acesso a ela.

CAPÍTULO 5

Contraindo e expandindo

Pense em alguém ou em alguma coisa que você realmente não suporte. Certifique-se de que sua escolha é um de seus pontos mais sensíveis, algo que o frustra e enraivece até seu limite. Uma vez feito isso, deixe que você sinta essas emoções negativas. Faça isso com gosto, até que seu inteiro ser pareça estar transbordando de agitação.

Agora, volte atrás mentalmente e veja o resultado. Observe, rapidamente, suas sensações físicas. Note como é estar em seu corpo durante tal experiência. Repare em que parte de seu corpo todas aquelas sensações desagradáveis se concentraram.

Se você é como a maioria das pessoas, essa experiência é algo como apertar ou contrair. Todo seu corpo fica contraído. A contração começa nas suas entranhas, mas quase que de imediato ela se espalha e se concentra, com freqüência, nos ombros e na respiração.

Estar contraído é estar fechado. Você está vivo para as sensações em seu corpo, mas está morto para o que está acontecendo além delas. Se você é daqueles que, como eu, usa a razão para se manter afastado dos sentimentos, pode nem mesmo estar vivo para o seu corpo. Em vez disso, você pode, inconscientemente, estar tentando levar seu pensamento para fora de toda aquela tensão.

Bênção, entretanto, é estar aberto. Quanto mais você a sente, mais você expande. Ao contrário da contração, que começa nas entranhas, a expansão inicia no coração. Ela também se espalha pelo corpo criando um estado de relaxamento semelhante à de um banho morno de imersão.

Lendo isso pode parecer que contração é ruim e expansão é bom. Este, no entanto, não é o ponto. Contração e expansão são formas de estar vivo e, particularmente, são atitudes dos seres humanos. Mesmo quando não encorajamos o processo de forma intencional, nossos corpos, ainda assim, se contraem e se expandem por conta própria. Não importa todos os avanços que fizemos nos estudos da energia e na medicina do corpo e da mente, algo sempre estará faltando.

Com relação aos estudos da energia e à medicina do corpo e da mente, é comum em alguns círculos se falar sobre conceitos esotéricos, como abrir e alinhar os "chakras". Por vezes, ouvimos também sobre o "corpo imaginário", o "corpo mental" e o "corpo emocional". Em outro contexto, esses termos poderiam ser úteis e importantes. Aqui, porém, eles são muito indefiníveis e complexos.

Tudo o que você precisa saber sobre energia, que é o que concerne à bênção, é este movimento fundamental de contração e expansão. Quando você se sente tenso e agitado, tem-se a contração. Quando você se sente feliz e amando, tem-se a expansão. E quando você não está tomado por essas sensações, então você está em algum ponto entre as duas situações.

Eu o aconselho a investigar isso. Gaste um dia ou dois. Com um relógio, um despertador ou um simples monitoramento mental, observe o seu estado de espírito a cada quinze minutos. Faça um rápido escaneamento em seu corpo e veja quando e onde você cai na escala. Caso você se confunda no decorrer do dia e fique impossibilitado de anotar, tente recordar ao anoitecer seus grandes altos e baixos do dia.

Expandir e contrair, expandir e contrair. É tão natural e automático quanto inspirar e expirar.

Nosso objetivo, lembre-se, é garantir acesso à bênção. Entender a contração e a expansão é o primeiro passo. A partir de então, podemos ver que o acesso à bênção torna-se disponível, somente, com a expansão.

Mas se a bênção requer expansão, e o nosso ciclo natural é a expansão *e* a contração, como então experimentaremos uma bênção constante?

A resposta surge ao olharmos de perto as causas da contração. Esqueça a expansão. Se nós estivermos receptivos e tivermos escolhido vivenciar a bênção, os diques se abrirão e nós ficaremos imediatamente repletos. A contração é a forma com que estragamos todo o trabalho. E embora um pouco de contração seja inevitável, a maior parte dela nós cultivamos.

CAPÍTULO 6

Resistência

QUANDO NÓS NÃO QUEREMOS ALGUMA COISA OU NÃO GOSTAmos dela, automaticamente, contraímos ou nos fechamos para ela. É um processo inconsciente, semelhante a um comentário maldoso, a uma traição amorosa ou a uma doença terminal. O processo é de tal forma abrangente que acontece, de fato, centenas de vezes por dia.

Pense sobre isso, ou melhor, imagine-se fazendo isso. Tente se ver sendo ultrapassado na auto-estrada por um motorista louco. O que acontece? Você contrai. Agora, imagine-se dando uma topada e machucando o dedão. Seu corpo inteiro fica tenso com a dor. Uma conta corrente sem fundos, pais críticos, uma maçã farinhenta — todos provocam a mesma sensação *física*.

No entanto, cada situação provoca uma resposta *emocional* distinta. Podemos sentir medo, raiva ou nojo. Emoções diferentes nos afetam de modos diferentes. Mas toda a classe de sentimentos desagradáveis, apesar de sua aparente variedade, brota do mesmo tipo de contração interior. E não há nada que possamos fazer. Eles estão profundamente arraigados em nosso circuito.

Cada uma dessas reações é totalmente instantânea. Quando, porém, prendemo-nos àquela contração depois que o instante passou, quando nos apegamos a seu caráter rígido, já se trata de uma escolha pessoal. Nós estamos preferindo resistir. E estamos resistindo a quê? A algo que já existe.

Resistência é a negação do que existe e, como tal, é um esforço inútil. E o pior é que ela nos impede de expandir, ação que é fundamental para a bênção.

Vejamos dois breves exemplos. Primeiro, imagine que você tem um novo auxiliar verdadeiramente chato. Seu pior defeito é sua risada estridente. Toda vez que ele dá aquela risada, você tem vontade de ir até ele e estrangulá-lo. Você nunca fará isso, mas é sua reação inicial. Você quer que ele suma para sempre.

Então, você senta à sua mesa, tenso, só esperando o camarada passar. Quando ele passa, você fica ainda mais tenso e, na hora do almoço, você se lamenta com seus colegas de trabalho. À tarde, é difícil manter a concentração. Você fica cozinhando o problema no caminho para casa. Você tenta pensar em algo diferente, mas aquilo continua martelando em sua cabeça. Você diz a si mesmo "deixe para lá, deixe para lá", pois você sabe que é a atitude mais "inspirada" a se ter, mas, obviamente, você não está inspirado, porque isso você também não consegue.

Este aborrecimento relativamente pequeno logo se espalhou como um veneno, por causa da sua resistência.

Agora, imagine que você está saindo com alguém há algum tempo. Você está prestes a se apaixonar. Você quer que esse relacionamento se torne duradouro, mas não está certo de que seu amado pensa da mesma forma. Toda vez que você começa a falar no assunto não consegue ir adiante. Fica paralisado de medo. "E se minha afeição não for correspondida?" Será muito doloroso lidar com isso.

Com o passar do tempo, você vai ficando nervoso e desagradável. Você está até um pouco ressentido, porque sua amada não tocou no assunto com você. Quando finalmente você não pode esperar mais e resolve tentar confessar seu amor, toda aquela ansiedade contida faz com que você perca a fala. Você começa a se lamentar, a se censurar, a se autodestruir com insegurança e frustração. Seu amado, não é de se admirar, recua. Será que foi você ou sua falta de eloqüência? Você nunca irá saber.

Neste caso, a situação é um pouco mais delicada. Você resistiu à *possibilidade* de que seu amor pudesse não ser correspondido. Algo que sequer aconteceu foi a causa de uma contração prolongada, com a chance de gerar as piores conseqüências.

A resistência ocorre quando nos agarramos à contração. No decorrer do livro veremos muitos outros exemplos. Com sorte, ao menos um deles fará com que você se lembre de algum caso familiar. É importante que algum deles tenha relação com você, para que você possa identificar o modo como se contrai e, então, optar.

"O que mais devo fazer?", você pergunta. "Quando estou irritado ou amedrontado soa falso fingir que não estou." Se você estiver vivenciando reações como essas, é uma ótima oportunidade para observar a resistência. Agora mesmo, em tempo real, observe onde essa reação se demora em seu corpo. Não tente entendê-la, removê-la ou transformá-la. Em vez disso, veja se você consegue adequar-se com aceitação.

CAPÍTULO 7

Aceitação

"NÃO HÁ NADA QUE NÃO MEREÇA SER ACEITO." Lembro-me perfeitamente da primeira vez que ouvi essa frase. Eu soube, imediatamente, que ela mudaria minha vida. Eu sabia que havia passado anos resistindo a coisas que, de alguma forma, atingiam diretamente outras coisas — e nenhuma delas tinha a ver com a minha recusa em aceitá-las.

Se algo é de um jeito, assim é. Não aceitar isso é viver em negação, é ficar atado à resistência por escolha própria. O fato é que tudo o que existe é completamente independente da posição que assumimos em relação a ele.

Não há nada que não mereça nossa aceitação. Isso está mais próximo de uma verdade universal do que jamais pensamos. Se um assassinato foi cometido, se o planeta está poluído, se vinte milhões de pessoas morrem de fome a cada dia, não há resistência que consiga mudar esses fatos. Se meus pais não me amam, se eu sou um viciado em drogas, se estou acima do peso ou ganho mal, recusar-me a aceitar esses fatos só irá me levar a uma existência artificial.

Antes de seguir adiante, é hora de fazer uma distinção vital. Aceitar algo simplesmente porque ele existe não é, absolutamente, o mesmo que achar que "está bom" daquela forma. Nós colocamos assassinos na prisão, processamos os grandes poluidores do meio ambiente e fundamos organismos internacionais de assistência para combater a fome. Do mesmo modo, nós tentamos curar nossos males interiores, nos recuperar de comportamentos autodestrutivos e criar uma auto-estima saudável.

Se algo lhe parece errado, pronto para uma mudança positiva, faça tudo o que puder para torná-lo melhor. Vejamos, rapidamente, como você poderia fazê-lo. Se você está resistindo a essa mudança e, por isso, está contraído e travado, uma grande porção de sua energia vital deve estar bloqueada pelo esforço. Se, porém, você aceita o fato e se permite gozar da realidade de sua existência, seu empenho será imediatamente beneficiado por uma confiança balanceada e harmoniosa.

Eu mesmo vivenciei tudo isso muito bem. Fui uma daquelas crianças que nascem com uma faixa de protesto nas mãos. Achava muitas coisas realmente intoleráveis neste mundo. Em todo canto havia uma nova causa de protesto, uma nova injustiça acontecendo, e eu me tornava cada vez mais resistente.

Quando jovem, eu passava horas incontáveis em campanhas políticas. Por dentro eu me sentia mal, abatido pela verdade de um mundo que eu não era capaz de aceitar. Em conseqüência, o modo pelo qual eu lutava pelas minhas causas era atormentado, escandaloso. Eu fiquei logo exausto como nunca, por viver, constantemente, tão contraído.

Se soubesse, naquele tempo, que era possível aceitar todas as coisas a que estava resistindo, eu teria sido um ativista muito mais feliz e efetivo. Além disso, eu poderia ter sustentado indefinidamente meus objetivos e evitado a exaustão.

Aceitação não significa submissão, nem sugere vibrações sentimentais e piegas. Às vezes, os fatos nos enchem de raiva e de justa indignação. É importante aceitar isso. E no momento em que reconhecemos esses sentimentos, nós nos abrimos para a possibilidade de expansão. Num estado de expansão, a raiva poderá ou não persistir. Mas a raiva exteriorizada, quando presente, é muitas vezes mais tolerável do que sua versão mais maligna, que é a raiva contida.

Não há nada que não mereça nossa aceitação. A porta emperrada, a coceira que não pára, a música alta do vizinho — tudo isso existe, queiramos ou não. Até o dia de nossa morte, o mundo estará cheio de coisas que preferiríamos que não existissem. O poder dessas coisas sobre nós é proporcional à nossa resistência. Quando paramos de resistir, ficamos livres para expandir. Uma vez expandidos, temos infinitos recursos para mudar nossa situação.

Algumas vezes, a mudança é externa. Com amor e persistência podemos nos opor à maldade e sair triunfantes. A recente extinção do sistema de *apartheid* é um bom exemplo. Outras vezes, no entanto, uma vitória como essa é impossível. Imagine a condição de um escravo, ou de um prisioneiro nos campos de extermínio de Hitler. Em circunstâncias tão terríveis, as pessoas não têm muito controle externo. Ainda assim, nós sempre temos uma escolha: resistir ou aceitar.

São várias as histórias de negros e judeus que aceitaram seus destinos, expandidos por um amor ilimitado, e serviram como exemplo para os que estavam ao redor deles. Alguns cantaram, alguns lutaram, alguns apenas mantiveram suas cabeças erguidas. Em cada caso, porém, eles se abriram para a força da vida e deixaram-na bradar vigorosamente através deles.

Eu gostaria de terminar este capítulo com uma história bem pessoal. Mais tarde voltarei a ela com maiores detalhes. Tudo começou quando eu estava jogando meu basquete semanal. A porta do ginásio se abriu e uma amiga entrou. Pela expressão em seu rosto, eu vi que algo terrível havia acontecido. Saí do jogo e me aproximei dela. Com a voz embargada pela emoção, ela contou que minha esposa acabara de tentar o suicídio. Os paramédicos encontraram-na quase sem vida e ela ainda estava, naquele momento, oscilando entre a vida e a morte na unidade de tratamento intensivo do hospital local.

Isso aconteceu depois de eu já haver sido agraciado com a bênção. Mesmo assim, enquanto corria para o hospital, minhas mãos suavam, meu coração estava disparado, e minha mente girava loucamente. Então, alguma coisa em mim começou a mudar. Eu notei minha resistência ao que estava acontecendo. Eu senti a contração que estava causando aquilo.

Eu deixei escapar um suspiro. E aceitei tudo. A mulher que eu amava mais do que qualquer outra pessoa no mundo podia morrer a qualquer momento. Além disso, pelo menos alguma parte dela queria aquilo. Isso era um fato, pudesse eu lidar com ele ou não. Eu expandi naquele fato e senti a fundamental bênção da existência crescendo, naquele momento, bem dentro do meu ser.

Quando cheguei ao hospital, apesar de ainda muito preocupado, estava em paz com tudo o que viesse a acontecer. O resultado é que me tornei um calmo e poderoso protetor na hora em que minha esposa mais precisou de mim. Para nós, essa foi a dádiva da aceitação. E isso pode ter ajudado a salvar sua vida.

CAPÍTULO 8

Conscientização

A DISTÂNCIA ENTRE A RESISTÊNCIA E A ACEITAÇÃO É TÃO vasta quanto as galáxias. E, ao mesmo tempo, é tão certa quanto a próxima respiração. O primeiro passo é o mais desafiante, mas não requer nenhum movimento. Só é necessário tornar-se consciente da resistência.

Conscientização. Uma ampliação da experiência imediata que permite que nos desliguemos da resistência, tempo suficiente para reconhecê-la. "Eu sou um alcoólatra." "Eu odeio meu emprego." "Eu não suporto este gosto em minha boca."

O reconhecimento da resistência repercute em todo nosso ser. Sentimos fisicamente, emocionalmente. Ele provoca uma expansão pequena e inicial, mas o espaço criado parece enorme. A primeira vez que acontece é uma revelação. Com prática, pode se tornar um hábito sagrado.

Discutir a conscientização dessa maneira pode fazer com que pareça fácil executá-la. Não é verdade. A cola que nos une a resistência é forte e invisível. E quanto maior é a necessidade de desunir, mais improvável parece a libertação. Às vezes, parece que nossa sobrevivência depende de não nos desligarmos da resistência, depende de nos agarrarmos à vida exatamente como ela é.

Enquanto escrevia este livro, por exemplo, eu estava sem emprego fixo, e minhas economias estavam minguando. Tinha muitas idéias fantásticas, mas não via como colocá-las em prática. De vez em quando eu começava a entrar em pânico e sentia meu corpo contraindo e minha respiração entrecortada. Comecei a pensar, sem parar, sobre minhas dificuldades. "O que vou fazer? Não posso viver desta maneira! Preciso fazer alguma coisa acontecer!"

Nesses momentos, havendo um mínimo de consciência, alguma parte de você vai tentar bloquear a resistência. "Isto não é resistência", eu podia me ouvir pensando. "É real! Esta é minha vida! Idéias fantásticas não vão colocar nem um centavo em meu bolso! Eu preciso agir e fazer algo."

Quando estou fixado à minha resistência com essa cola poderosa, eu me torno cego para o óbvio. Meu pânico não era porque eu não estava fazendo nada. Era porque eu estava me recusando a aceitar a realidade. Eu estava sem dinheiro temporariamente, e o fato de eu me sentir abençoado ou desgraçado não mudaria aquilo.

Quando consigo ganhar consciência e me desligar, a realidade de minha condição aparece. Fico livre para enxergá-la com maior clareza. E se eu mantenho essa consciência até uma completa aceitação, até uma expansão renovada, então a qualidade de meu empenho está fadada a melhorar.

Isso acontece de forma bem direta, sem falhas, independente da pessoa ou do desafio. A expansão nos completa com uma energia produtiva, mantém-nos com os pés no chão, permite-nos focar o que é mais importante. Como resultado, ela aumenta nossa capacidade e nossa eficiência. Nós produzimos mais, sem trabalhar mais.

Ocorreu-me, após descrever minhas desventuras, que você deve estar precisando de uma pausa. Você pode estar pensando: por que estou lendo um livro sobre bênção de um sujeito que não conseguiu alcançá-la? Embora esteja tentado a listar todas as minhas realizações passadas, neste caso elas não são realmente relevantes. A realidade, como já mencionei antes, é que a bênção nada tem a ver com condições externas. Ela não se origina de certa quantidade de sucesso terreno. Ela está disponível agora, a quase todos, independentemente de sua situação na vida.

Até este momento, nós analisamos o processo natural de contração e expansão. Nós vimos como a contração, que limita nosso acesso à bênção, é prolongada, de maneira desnecessária, pela resistência. A resistência pode ser neutralizada pela aceitação. Para isso, precisamos estar cientes de que estamos, na verdade, resistindo. Quando isso acontece, quando aquela pequena, porém crucial, distância se estabelece entre nós e nossa resistência, então estamos prontos para o próximo passo.

CAPÍTULO 9

A primeira tentativa

DIZEM QUE AS COISAS QUE ENSINAMOS AOS OUTROS SÃO AS que mais precisamos aprender. Deve ser verdade, imagino, depois do que passei enquanto escrevia este capítulo.

Foi especialmente difícil começar. Ficava imaginando se algum dia eu iria conquistar algo, tornar-me importante. Então, enfim, tudo começou a fluir bem. Eu perdi a noção do tempo. As distrações ao meu redor diminuíram até eu sentir que tudo estava entrando nos eixos com rapidez. Logo eu havia terminado, estava excitado, pronto para comemorar... e, então, eu apertei uma tecla errada no computador.

Num décimo de segundo, todo o capítulo foi removido, apagado. Naquele décimo de segundo, eu fui da expansão profunda a uma contração visceral. Isto não poderia estar acontecendo! Era impossível! Em primeiro lugar, eu entendo de computadores. Além disso, os softwares sofisticados de hoje em dia incluem vários sistemas de armazenamento de dados. Quando você acha que perdeu seu arquivo, é quase certo que ele ainda pode ser restaurado.

Quase certo. Não desta vez.

Por quase uma hora, descarreguei minha raiva na máquina. Minhas têmporas pulsavam. Meus dentes estavam cerrados. Eu mantive meu corpo em posturas rígidas e contorcidas enquanto lia o manual de ajuda uma dúzia de vezes. Fiquei procurando por aquela frase escondida, aquela instrução fantástica que poderia pôr fim a toda a minha agonia e trazer meu capítulo de volta.

Eu apelei a um amigo que tentou me consolar. Eu agredi verbalmente o sujeito do suporte técnico quando ele confirmou o inevitável. Aos poucos, a verdade veio à tona. Eu não podia mais resistir. O Capítulo 9 estava perdido para sempre.

CAPÍTULO 9

A segunda tentativa

Não foi nenhum mistério eu ter perdido temporariamente minha conexão com a bênção. A experiência do capítulo apagado é um exemplo literal de contração e resistência. Eu contraí frente a uma ocorrência indesejada e permaneci fiel à minha resistência. Depois de um tempo, tornei-me consciente de minha resistência, mas continuei preso a ela. Por mais absurdo que possa parecer, eu preferi a resistência em vez da bênção.

Por mais absurdo que possa parecer, a maioria de nós faz isso o tempo todo.

Eventualmente, porém, eu volto à realidade. E dou início ao simples processo que logo me traz de volta à bênção. Esse processo foi, e é, o tópico dos dois capítulos 9.

Ele começa com uma simples, porém revolucionária questão...

~

O que está acontecendo neste exato momento?

Uma vez conscientes de nossa resistência, formular essa pergunta é a chave para dissolver a resistência.

O que está acontecendo neste exato momento? Com freqüência, as primeiras respostas que surgem são como desabafos. Em meu caso foi algo mais ou menos assim: "O computador roubou meu trabalho! Tecnologia é uma coisa do mal! Ela economiza tempo, mas cobra um preço muito alto! Estou arruinado! Perdi o fio da meada! Eu nunca vou terminar este livro desgraçado!"

As primeiras respostas normalmente são censuras. Neste exemplo, a falha foi do computador, mas o culpado poderia facilmente ter sido alguém, um colega, um parente, uma criança, um amigo, um chefe, o destino, ou mesmo Deus.

Depois que desabafamos, o que ocorre cada vez mais rápido com a prática, torna-se possível ouvir a verdadeira resposta. *O que está acontecendo neste exato momento?* "Eu apaguei meu arquivo de texto acidentalmente. Não dá para recuperar. Estou com raiva e frustrado. Eu tentei de todas as maneiras desfazer meu erro e não foi possível."

Parece-me uma bela e acurada descrição da situação. E abre caminho para uma segunda questão que acompanha a primeira...

Será que posso viver com isto?

Viver com algo significa aceitá-lo como ele realmente é. Nós somos absorvidos por sua verdade inegável. Isso não quer dizer que ele tenha de permanecer daquela forma para sempre, ou que não possamos nos esforçar para mudá-lo, mas, em primeiro lugar, antes de qualquer outra coisa, precisamos admitir, de forma absoluta, o que está acontecendo.

Responder "sim" à segunda pergunta produz imediato relaxamento. Permite que a resistência se dissipe, que a contração se libere. Se nosso "sim" não é apenas um ato de puro reflexo, mas uma aceitação completa e visceral, então a expansão não está muito distante.

No caso do Capítulo 9, quando eu estava pronto para responder "sim" à segunda questão, senti minha frustração se desenrolando como uma bola de lã nas patas de um gatinho. Logo eu estava rindo da bobagem que havia acontecido. Não estava negando ou tentando minimizar o fato. Ao invés disso, eu estava aceitando aquilo de forma tão completa que ele pareceu, simplesmente, desaparecer.

Na verdade, o que desapareceu foi minha resistência, o que aponta para uma descoberta crucial. *O que acontece em nossas vidas quase nunca é a fonte de grandes angústias.* A fonte das angústias é a nossa reação, a nossa resistência. Com um pouco de objetividade e com duas perguntas simples, quase sempre podemos acabar com a resistência de imediato.

Algumas vezes, o relaxamento leva a um resultado até melhor do que havíamos imaginado de início. Não há um meio mais eficiente para descrever esse processo do que vivenciá-lo. O Capítulo 9 definitivo beneficiou-se claramente do meu infortúnio. Não é sempre assim que funciona, mas também não tem que ser assim.

Na maioria das vezes, nós contraímos e resistimos muito tempo antes de a história terminar. Nós nos precavemos, desnecessariamente, contra algo que está em andamento ou que ainda vai acontecer. Depois de apagado o arquivo, eu poderia ter feito as duas perguntas, logo após ter apertado a tecla errada. Depois de um pequeno suspiro ou grito, teria sido possível, para mim, aceitar a situação. Eu poderia, também, ter gastado uma hora inteira tentando desfazer tudo, mas certamente a primeira opção teria sido muito mais agradável.

A escolha foi apenas minha naquele momento, e é assim que acontece para todos nós. Não importa o que tenha ocorrido, horas, dias ou anos atrás. No eterno presente, exatamente agora, há sempre uma nova chance de conscientização, de colocar as duas perguntas e de se abrir para a bênção.

CAPÍTULO 10

Sem bloqueios

À MEDIDA QUE APRENDEMOS A IDENTIFICAR NOSSA RESISTÊNcia e começamos a fazer as duas perguntas, a experiência pode se provar verdadeiramente divertida. Nós descobrimos que há uma mina de ouro de expansão, só esperando que reclamemos sua posse. Nós vivemos cada novo dia como garimpeiros, peneirando os sedimentos da vida momento a momento.

Ao responder a pergunta *o que está acontecendo neste exato momento?*, nós derrubamos a resistência a quase tudo o que se possa imaginar. Uma dor nas costas, uma mancha, nossa aparência, a poluição, o noticiário — todas essas coisas que podem nos prender. Quando as pessoas não nos ouvem, quando ferem nossos sentimentos, quando nos abandonam ou nos rejeitam, nós nos fechamos. Em cada caso, se perguntarmos *será que posso viver com isto?*, e respondermos "sim", então o tesouro será imediatamente nosso. Não importa o que acontece "lá fora", a aceitação *nos* enriquece.

Algumas vezes, começar com as perguntas surte um efeito inesperado. Constatar a extensão de nossa contração pode ser assustador e deprimente. A mina de ouro, desse ângulo, parecerá mais um buraco sem fundo. Para evitar que isso aconteça poderá ser útil liberar-se dos bloqueios devagar e deliberadamente. É mais produtivo começar com pequenas questões e demorar-se nas respostas do que insistir nas perguntas. Por exemplo:

O que está acontecendo neste exato momento?

Meu estomago está cheio, mas eu ainda estou comendo. Estou resistindo ao fato de que meu corpo não quer mais nenhuma comida porque minha mente ainda quer.

Será que posso viver com isto?

Eu não sei. Isso significa que devo parar?

∽

Essa situação comum é ilustrativa de dois modos. Primeiro, como ficou evidenciado pela segunda pergunta, nem sempre sabemos ao certo se queremos parar de resistir. Mesmo quando os benefícios da expansão são óbvios, nós não os enxergamos com clareza no meio da confusão. Segundo, e de especial importância, é normal pensarmos que abandonar a resistência requer uma mudança de comportamento.

Na verdade, *desprender-se da resistência não requer absolutamente nada*. Se estivermos nos sentindo saciados, como no exemplo anterior, e nos permitirmos aceitar isso, então nos tornaremos livres para parar de comer ou para continuar comendo. Não há uma decisão certa ou errada estabelecida, não é necessário ser vigiado. Sem a resistência para nos impedir, nós *somos* capazes de fazer uma escolha mais consciente. E essa conscientização poderá ajudar, com o tempo, a nos libertarmos de hábitos indesejáveis.

A partir do momento em que aceitamos o fato de estarmos saciados, nós ficamos livres para comer somente mais uma garfada, ou duas, ou três. E se não estivermos prontos para admiti-lo, quem sabe *depois* de terminada toda a comida nós poderemos estar.

Vamos continuar nosso exemplo com um resultado muito comum.

O que está acontecendo neste exato momento?

Meu estômago dói. Por que continuo comendo? Eu sou tão estúpido. Eu não tenho disciplina. E esta comida nem está tão boa!

O que está acontecendo neste exato momento?

Estou com raiva de mim mesmo. Eu gostaria de ter feito uma escolha diferente.

Será que posso viver com isto?

Sim, eu posso. Com a raiva e com a dor de estômago. Da próxima vez, espero, vou resistir menos.

∽

Você poderá notar, neste caso, que o desabafo é autodirigido. Você também irá notar que o processo resulta em uma expansão quase restrita, incapaz de uma bênção completa, trazendo à tona um ponto crucial. No princípio, quando ainda não estamos familiarizados com as perguntas, momentos de bênção podem ser ilusórios. Se esperarmos que eles sejam constantes e automáticos, ficaremos logo frustrados e desistiremos de tentar.

São muitas as razões pelas quais a bênção não pode ser acessível rapidamente. Nós as discutiremos na terceira parte, *Bênção Avançada*, em particular no Capítulo 18. Dois obstáculos, porém, requerem atenção imediata.

CAPÍTULO 11

Obstáculos

FORMULAR AS PERGUNTAS NOS DEIXA CONECTADOS. O QUE descobrimos não é sempre agradável. Especialmente no início, as respostas podem nos imobilizar. Elas podem induzir à raiva, à dor, ao medo, à frustração, à confusão ou à depressão.

Em alguns casos, na verdade, a situação pode até ficar pior, antes de começar a melhorar. Se isso acontecer, é porque nos deparamos com um par de obstáculos. O primeiro é algo assim:

∽

O que está acontecendo neste exato momento?

Meu melhor amigo acabou de me insultar. Não é um bicho-de-sete-cabeças. Ele deve estar tendo um dia difícil.

O que está acontecendo neste exato momento?

Eu estou resistindo e me sinto muito mal. Estou até com dor no estômago.

Será que posso viver com isto?

Algo está errado. Este não sou eu. Um simples comentário e de repente...

O que está acontecendo neste exato momento?

Estou muito confuso. Triste, com raiva e machucado. Ele já fez isso outras vezes, mas nunca me senti como agora.

Será que posso viver com isto?

Para quê? É demais! Se isto é viver as perguntas, esqueça.

~

Tal fluxo de emoções intensas pode ser tão forte, tão assustador, que parecerá que estamos sufocando. É tentador, como na lenda do garotinho holandês, colocar um dedo no buraquinho da represa para não deixar que ela estoure.

A aparência de tempestade iminente é, no entanto, ilusória. A maioria desses sentimentos, como os anteriores da nossa resposta ao tema do insulto, já estava dentro de nós. Devido a nossa resistência não conseguimos enxergá-los. Agora, o prognóstico é distorcido pelo medo. Se conseguirmos reunir coragem para tirar o dedo do buraco da represa e deixar a emoção fluir, o fluxo não será suficiente para nos afogar. O que parecia ser uma inundação, será, na realidade, um córrego navegável. E navegar nesse córrego é, reconhecidamente, o que leva à bênção.

Enquanto o primeiro obstáculo representa a profundidade de nossa experiência, o segundo obstáculo corresponde a sua extensão. Freqüentemente, quando fazemos as perguntas, as respostas vêm encadeadas. Por exemplo:

~

O que está acontecendo neste exato momento?

Há um engarrafamento de oito quilômetros na auto-estrada. Estou atrasado para o trabalho. É o pior dia possível!

Será que posso viver com isto?

Não! Meus clientes já devem estar esperando.

O que está acontecendo neste exato momento?

Eu perdi o emprego, isso é o que está acontecendo! Minha chefe deve estar pronta para me enforcar. Ela me odeia desde o momento que me viu.

Será que posso viver com isto?

Não! Eu já estou cheio dela. Ela parece a minha namorada. Desde que começamos a sair juntos, nada do que eu faço parece bom para ela.

O que está acontecendo neste exato momento?

Isto é ridículo. Por que estou fazendo estas perguntas? Elas estão me deixando ainda mais tenso.

Nesse caso, citando uma lenda diferente, pode parecer que nós abrimos a tampa da caixa de Pandora. Tentando aceitar a experiência de um mero engarrafamento, nosso tema desencadeou questões mais sérias acerca de trabalho e relacionamento. É comum, quando fazemos as perguntas, que tentemos encobrir essas múltiplas resistências. Também é comum fechar rapidamente a tampa da caixa. Mas que oportunidade perdida, uma vez que lá dentro, escondidas sob a raiva, estão revelações valiosas.

O que está acontecendo neste exato momento?

Meu corpo está retesado. Estou totalmente confuso. Estou suando, estou no limite. Este trânsito está me enlouquecendo.

Será que posso viver com isto?

Acho que não tenho escolha. Tudo está fora do meu controle.

O que está acontecendo neste exato momento?

Parece que, quando eu parar de lutar com o trânsito, conseguirei um pouco de paz interior. O pânico ainda existe, mas ele não é mais tão opressivo.

O que está acontecendo neste momento?

Estou notando quanta raiva eu sentia de minha chefe. E de minha namorada também. Estou me questionando sobre tudo isso.

Será que posso viver com isto?

Talvez sim, mas não agora. Já basta toda esta tensão.

∽

Aqui, continuar a fazer as perguntas levou a uma conscientização vital acerca dos componentes físicos da contração. Sem isso, é quase impossível se abrir mais. Porém, assim que o tema surge, a dádiva da expansão é imediatamente concedida. Logo, é possível admitir a resistência adicional, manter a tampa da caixa aberta, deixar tudo fluir.

Esvaziar a caixa, muitas vezes, é uma proposta dolorosa. O conteúdo pode nos acertar em cheio e nos ferir com suas lâminas afiadas. Pode parecer que estamos ansiosos pelo castigo, o que também é uma ilusão. Há sempre menos na caixa do que parece haver. Além disso, quanto mais vazia ela fica, mais espaço temos para a bênção.

Ao fim do último exemplo, nosso personagem decide não investigar todas as questões que surgem. Pode parecer uma resistência renovada, mas, na verdade, trata-se de uma precaução. Com freqüência, a situação em curso exige bastante, é muito complexa. Esperar por um momento mais calmo poderá intensificar o processo. A impaciência poderá levar a mais contração.

Uma contração de cada vez é uma boa regra geral. Regras e normas de procedimento, no entanto, são menos importantes do que descobrir o que funciona melhor para você. Antes de prosseguirmos, é importante ressaltar que fazer as perguntas e aceitar as respostas é uma experiência extremamente pessoal. É melhor não olhar para fora, para princípios ou para outra pessoa, a fim de que confirmem que você está fazendo o "certo". O que é certo por um ângulo, em geral, está errado por outro.

Também pode ser arriscado comparar sua experiência com a de outras pessoas. Se elas forem menos competentes que você será fácil sucumbir ao orgulho. Se elas forem mais hábeis que você, a dúvida e o desespero encontrarão um campo fértil. A verdade é que um mar sem ondas nem sempre é o que procuramos. Algumas vezes, nós *precisamos* tropeçar e mesmo ir afundar temporariamente. O que parece uma bênção perfeita vista de fora, pode ser, na verdade, uma rotina sufocante.

Com o passar do tempo, você ficará cada vez mais confiante. Logo iremos explorar algumas técnicas que ajudam a fortalecer essa confiança. Por enquanto, o mais importante é praticar as perguntas muitas vezes, estar tão à vontade com elas a ponto de elas surgirem de forma espontânea. Se isso começar a parecer assustador, muito trabalhoso, formule-as esporadicamente, quando nada o estiver perturbando. Você poderá descobrir, para sua surpresa, como "nada" pode ser gratificante.

CAPÍTULO 12

A arte de perguntar

AO SUPERARMOS OS PROBLEMAS DO MENINO HOLANDÊS E DE Pandora, nosso comprometimento com as perguntas começará a se solidificar. Em vez de imaginarmos se vale a pena continuar perguntando, nós estaremos prontos, enfim, para aumentar sua eficácia. Para isso, precisamos aprender mais sobre como perguntar. Precisamos, também, aprender mais sobre como não perguntar. Em particular, precisamos explorar três tipos de perguntas que podem enganar, espertamente, nossa resistência — é quando formulamos a pergunta analisando, julgando ou barganhando.

ANALISAR

Analisamos quando formulamos as perguntas a fim de encontrar uma *explicação* para a situação corrente. Mais do que *o quê*, nós queremos saber *por quê*. Este tipo de pergunta quase sempre rende uma resposta histórica ou teórica.

∽

O que está acontecendo neste exato momento?

Eu estou brigando novamente com meu namorado. O velho motivo de sempre. Revivendo meu relacionamento com meu pai.

Seja ou não verdadeira a declaração dessa mulher, é uma interpretação do momento, uma *idéia* sobre o que está acontecendo. E uma idéia, por sua própria natureza, pode permitir que nos distanciemos do fato.

Quase sempre, quando respondemos à pergunta dessa forma, é porque temos um desejo secreto de mudar o fato. Acreditamos que, por meio da análise, virá uma solução. Faz parte dessa abordagem omitir a aceitação. Isso frustra todo o objetivo da pergunta. Devemos, ao contrário, formular a pergunta de forma a aceitar qualquer resposta que surja.

O que está acontecendo neste exato momento?

> Nós estamos brigando novamente. Eu tenho medo que ele me deixe. Há um buraco vazio e dolorido em meu peito. Quanto mais alto ele grita, pior eu me sinto.

Desta vez, a resposta da mulher é muito mais acerca de sua experiência. Em vez de olhar um mapa, ela está visitando o território. Agora ela tem muito com o que lidar. Ela pode lidar com o fato de que seu parceiro poderá deixá-la. Ela pode lidar com seu medo. Ela pode lidar com sua reação à raiva. Para incrementar, ela poderá, se quiser, continuar perguntando e indo cada vez mais fundo.

É importante notar que há uma razão vital e um objetivo determinado que nos faz formular questões conceituais. Não é minha intenção negar ou diminuir, de forma alguma, sua importância. Mas o tipo de pergunta que nos revela o presente momento, que substitui rapidamente a resistência pela expansão, é inteiramente diferente. Ele nos permite identificar as informações do momento em estado natural e observar esse mesmo momento com atenção.

JULGAR

Outro tipo corriqueiro de pergunta enganosa é o julgamento velado. Nele, consideramos que a razão de formularmos a pergunta existe, acima de tudo, porque algo está errado. Uma vez que o "problema" é identificado, ele poderá ser erradicado rapidamente — e o momento presente irá, então, voltar a seu estado de bênção.

Quando nosso foco está direcionado para o mundo exterior, esse tipo de pergunta produz uma resposta semelhante as minhas frases iradas contra a tecnologia. Quando nosso foco está direcionado para o nosso interior, o que pode ser mais sutil, produz-se uma explosão de autocrítica. Vamos imaginar a mesma mulher, na mesma situação, abordando o argumento desta maneira:

~

O que está acontecendo neste exato momento?

> Eu não estou sendo suficientemente firme. Ele está me pisoteando. Quantas brigas e relacionamentos falidos serão necessários para que eu me imponha?

~

Esse tipo de cobrança pode ou não ser acurado, mas, de nosso ponto de vista, ele é definitivamente traiçoeiro. A cobrança, normalmente, abriga a seguinte crença: "o momento presente poderia ser absolutamente perfeito se não fossem *meus* defeitos". Não há espaço para enxergar além, para sentir-se confortável. Revestindo o momento com julgamentos, a cobrança evita a aceitação em vez de promovê-la.

Num estágio em que a autocrítica *já* está acontecendo, e que a pergunta é feita de forma trivial, a resposta mais óbvia seria: "eu estou me criticando". A resposta completa ainda poderia incluir, "há uma amargura em meu peito e um peso em meus ombros". Antes de fazer a pergunta, como vimos, não há consciência de tal sensação física. Depois da resposta e da completa aceitação, a sensação pode desaparecer juntamente com a resistência.

Mais uma vez, é importante fazer uma advertência. Como há um lugar para cada coisa neste mundo, certamente há um lugar para um vigoroso auto-exame. Identificarmos nossos defeitos e esforçarmo-nos para melhorar é, sem dúvida, uma atitude louvável. Entretanto, é quase um esforço inútil se a empreitada estiver tomada pela contração. A auto-ajuda quando reprimida é como uma mangueira de água na qual pisamos após abrirmos a torneira. Todas as nossas boas intenções são automaticamente canceladas.

BARGANHAR

Nosso último tipo de pergunta antiprodutiva é a barganha. Ela começa com a suposição de que se dissermos a verdade sobre o que estamos vivendo naquele momento, especialmente quando o momento é difícil, então aquele fato irá desaparecer. Nós estamos dispostos a sentir e aceitar o presente, até mergulhar nele, se isso for necessário, para que consigamos mudá-lo.

A abordagem da barganha é um pouco mais enganosa do que a da análise ou a do julgamento porque ela demonstra muita aceitação. Pensamos que estamos seguindo o plano. Parece mesmo que há um comprometimento maior com o processo, um desejo de erradicar cada vez mais as verdades difíceis.

Talvez o melhor exemplo neste caso seja o meu mesmo. Por muitos anos, de modo inconsciente, fui adepto deste artifício. Eu parecia um bom paciente de terapia, um bom meditador, e uma espécie de conselheiro de casais, precisamente porque eu tinha bastante discernimento. Cada nova descoberta correspondia a uma sensação de alívio. Às vezes, era o alívio de compreender, mas com freqüência isso acontecia porque eu achava que não tinha que sofrer mais.

Aceite o presente, diz a fórmula, e então o presente irá se transformar em algo muito mais atraente. Examinando melhor, no entanto, essa atitude não é, de forma alguma, aceitação. Isso requer uma pergunta. Seríamos capazes de aceitar o presente caso ele não fosse mudar *nunca*? Se a resposta for negativa, significa que nossa aceitação é condicionada. E aceitação condicionada é nada mais nada menos do que resistência disfarçada.

O que está acontecendo neste exato momento? Formular a pergunta barganhando, ironicamente, *garante* que o presente irá sempre nos desapontar. Isso cria maravilhosas respostas para nossa primeira pergunta e um ressonante "não" para a segunda.

Será que posso viver com isto? Posso viver com minha realidade atual, independentemente de quão ruim ela é e de quanto tempo durará? A menos que a resposta a nossa segunda pergunta seja um ressonante "sim", todo o nosso trabalho com a primeira pergunta terá sido em vão.

"Espere um pouco", você dirá. "Eu pensei que você havia dito que a completa aceitação levaria a bênção. Agora, você está dizendo que eu terei que aceitar o presente se não houver bênção. Você também está dizendo que eu tenho que aceitar o presente mesmo que ele esteja repleto de uma interminável tristeza. Por que eu faria isso? Qual é o objetivo?"

CAPÍTULO 13

O objetivo

UM GRANDE LÍDER ESPIRITUAL DISSE UMA VEZ QUE SOMENTE três coisas podem acontecer se praticarmos a meditação. Nossas vidas podem se tornar melhores, piores, ou continuarem iguais. Apesar de ser um grande homem, o líder estava errado.

O processo de meditação possui muitas similitudes com aquele que estou descrevendo aqui. E a verdade é que, se você realmente se empenhar, a meditação só irá melhorar sua vida. Então, por que o líder disse isso? Por que ele quis diminuir nossa expectativa desde o princípio?

A resposta é que você não pode liberar a graça em nenhum momento enquanto você ainda estiver tentando. É como pisar na mangueira d'água. Se você medita para melhorar sua vida, os maiores benefícios da prática irão sempre passar despercebidos. Se você perguntar *o que está acontecendo neste exato momento?* e *será que posso viver com isto?*, com o objetivo de experimentar a bênção, qualquer que seja a bênção que você alcançar será, sem dúvida, passageira.

O paradoxo aqui é que encontramos a bênção somente quando *não* tentamos. Quanto mais tentamos, mais pisamos na mangueira d'água. Isso é complicadíssimo de se considerar, sobretudo para os ocidentais, acostumados a alcançar seus objetivos com coragem e determinação. Para nós, não tentar é o mesmo que desistir. Não tentar é se render.

A palavra "rendição" pode confundir ainda mais. Em relação a um objetivo, ela pode significar perda. Num contexto religioso, ela significa reconhecimento da grandeza da vontade de Deus. Em termos práticos, ela se refere à divisão entre o que podemos ou não controlar. Usada dessa forma, ela nos ajuda a diferenciar esforço de resultado.

Por exemplo, eu estou me esforçando muito para escrever bem este livro. Eu reviso cada parágrafo, procuro pelas palavras certas. Entretanto, se sou bem-sucedido em atrair leitores distintos, é algo que foge à minha competência. Meu talento como escritor entra em jogo, assim como o gosto particular de cada pessoa. Entender isso faz com que eu me concentre, que dê tudo de mim e depois relaxe. Render-se aos limites reais de nosso poder não é desistir. É, na verdade, uma ajuda essencial à aceitação dos fatos. E, além disso, permite-nos expandir quando as circunstâncias não são favoráveis.

Para finalizar, eu gostaria de submetê-los a uma definição final. Rendição, ao meu ver, é sinônimo de total aceitação. Não há absolutamente nada de passivo nesse ato. É uma forma ativa, engajada e produtiva de não tentar. Render-se significa aceitar o que está acontecendo no exato momento, *não importando o que já tenha acontecido ou o que irá acontecer em seguida*. Render-se ao momento presente sempre faz sentido. Por quê? Porque não há nenhum modo possível de mudar os fatos.

Não há modo de mudar o presente momento. Pense um pouco sobre isso. Agora, admita: não parece inútil resistir?

No capítulo anterior eu fiquei imaginando quem de nós seria capaz de aceitar o momento presente, mesmo que ele nunca fosse mudar. É uma questão importante, mas também um pouco enganosa. A verdade é que, a cada momento, nossa experiência é diferente da anterior. O presente está mudando constantemente, por si só e alheio a nossa vontade. E qualquer que sejam as mudanças que *nós* nos esforcemos para fazer neste momento presente, elas só aparecerão em momentos futuros.

O essencial disso tudo é que a aceitação *sempre* nos leva à expansão; e a expansão *sempre* nos fornece o acesso a bênção. O fato de perguntarmos *o que está acontecendo neste exato momento?*, e depois nos rendermos à resposta, é uma forma de assegurar esse acesso. É também um passo para melhorar o futuro, pois a bênção é uma força muito poderosa e positiva. Essa melhora do futuro, entretanto, ao contrário de outras, é totalmente sem esforços. Ela irá ocorrer cada vez mais, para o resto de nossas vidas, e tudo o que temos a fazer é parar de pisar na mangueira d'água.

CAPÍTULO 14

Vivenciando as perguntas

No capítulo anterior, nós colocamos a descoberto a inutilidade de procurar a bênção no momento presente. Nós vimos como a bênção só virá se não procurarmos, não tentarmos. Agora é hora de explorarmos a experiência real de não tentar, de aprender como isso funciona e saber qual é a sensação.

A princípio, é importante não tentar controlar o processo de forma alguma. Assim, evitamos procurar uma determinada resposta. "*O que está acontecendo neste exato momento?*" não é o mesmo que "Porque meu braço está doendo?" ou "Porque toda esta raiva?". O braço e a raiva podem estimular a pergunta, mas se eles são apenas parte da pergunta, então a resposta será devidamente esquiva. Na verdade, eles podem ser apenas um efeito colateral de algo que ainda nem tomamos conhecimento.

Com o tempo, torna-se claro que as respostas já existem, sempre, e que nosso único trabalho é esperar pacientemente por elas.

Esperar pacientemente algo que parece inexistente pode soar estranho e bobo. Assim como a natureza abomina o vácuo, nossas mentes também o abominam. Elas estão sempre prontas para correr e preencher o vazio com pensamentos, para agitar o que está parado. Resistência, infelizmente, pode fazer prosperar essa agitação, usando todos os nossos pensamentos, como uma cortina de fumaça, impedindo as possíveis descobertas.

O resultado é uma perigosa armadilha. Nossa tendência é castigar a mente e exigir que ela pare de sabotar nossos esforços, pois queremos ser bem-sucedidos. Mas isso só cria uma nova resistência que suplanta a antiga. Em vez disso, deveríamos nos empenhar em uma minuciosa avaliação.

O que está acontecendo neste exato momento?

Pensar...

Feita a avaliação, voltamos logo à pergunta. Se continuar acontecendo, devemos continuar avaliando fielmente.

Quanto mais resistimos a essa sensação comum de vazio, mais ela aumenta. Quanto mais permitimos que ela se apresente, sem objeções ou censuras, mais rápido ela irá sumir.

Se fizermos com que ela passe pelos obstáculos da mente, se resistirmos a todas as suas tentativas, algo estimulante irá surgir em meio ao vazio. Lembre-se, na maior parte dos casos, nós estamos fazendo as perguntas porque tomamos consciência da contração. Estamos em busca da resistência que fez com que a contração se prolongasse.

A boa-nova é que, o que quer que surja naturalmente, sem esforço, é exatamente ao que estamos resistindo. Se não estamos analisando, nem julgando, nem barganhando, não haverá respostas erradas para jogarmos fora. E, também, poderemos autenticar a resposta imediatamente. Num nível visceral, sem nenhum esforço, nós, de forma automática, saberemos que aquilo é o certo.

Talvez soe meio complicado, mas, na verdade, não é. A contração nunca é sutil ou discreta. Sua natureza reclama "reparem em mim!", até que nós reparemos nela. Sem auxílio de nossa atenção, entretanto, realidade e resistência permanecem represadas. No momento em que nos voltamos para elas, sem lutarmos contra isso, elas se separam e ficam a postos.

"Ah! Agora eu entendi! Eu estava resistindo ao fato de que meu marido me traía. Meu braço dói porque eu só andava com o punho cerrado. Eu tenho raiva de todo mundo porque eu não me permito ter raiva *dele*."

Quando admitirmos por completo o que estava causando nossa contração, e que nossa resistência estava nos impedindo de enxergar a realidade, haverá então um novo esforço, uma nova tentativa de fazer algo, de fazer com que essa história de perguntas e respostas tenha alguma utilidade.

"Agora que aceitei a verdade, é hora de mudar. Vou mandá-lo embora e pedir o divórcio. Vou arranjar um emprego melhor e dinheiro não será problema. Vou me juntar a um grupo na internet para conhecer homens solteiros."

Usar de artifícios para forjar um novo plano de batalha é outra armadilha. É um modo extravagante de sentir a raiva ou qualquer outra emoção que de início evitamos. Nosso único trabalho, como antes, é *esperar pacientemente*. À vezes, a contração se vai e a emoção flui. Não importa quão ruim isso pareça, não importa o quanto machuque, não há como abreviar esse processo. Mas quando termina, ao menos a primeira fase, estamos mais aptos a jogar. Na verdade, os planos surgem de modo espontâneo. Agora sentimo-nos mais confiantes, pois, independentemente do caminho que escolhermos, ele não estará corrompido pela resistência.

Para a mulher do exemplo anterior, deixar seu casamento pode ser mesmo o caminho certo a seguir. Ou ela pode decidir tentar mais uma vez. De uma forma ou de outra, se ela tivesse agido precipitadamente, a resistência teria prevalecido.

Quando fazemos as perguntas de forma modesta e delicada, a resposta vem com uma clareza que não se obtém quando, ao contrário, exigimos uma resposta.

Do mesmo modo, quando insistimos em perguntar e aceitar, perguntar e aceitar, nossa resistência diminui com uma determinação que não se obtém quando apressamos o processo.

O objetivo é permanecer aberto, receptivo, comprometido com a entrega contínua. Render-se, nós veremos logo, é como um exercício físico. Quanto mais praticamos, mais nos fortalecemos. Quanto mais forte ficamos, mais praticamos.

Isso é o que o poeta Rilke propôs, penso eu, quando nos disse para "vivenciar as dúvidas". E vivenciar as dúvidas, parece, é um convite prático à bênção.

CAPÍTULO 15

O veneno perfeito

～

O que está acontecendo neste exato momento?

Eu estou pensando sobre meu amigo que acabou de comprar uma enorme casa nova.

Ele me irrita. Eu estou me sentido irritado.

Quem ele pensa que é gastando todo aquele dinheiro enquanto tantas pessoas estão sofrendo?

Estou ressentido. Por que ele tem tudo aquilo enquanto eu não tenho absolutamente nada? E ele nem trabalhou mais do que eu. Eu sempre trabalhei tão duro quanto ele. Ele teve sorte, foi isso.

Estou me sentindo um azarado. Estou com falta de ar e rangendo meus dentes.

O que há de errado com a vida? O que há de errado comigo?

Eu estou envergonhado, humilhado. Eu odeio sentir-me envergonhado e humilhado. Estou resistindo à sensação de vergonha e humilhação. Opa! Deve ser verdade, pois só de dizer isso parece que estou engolindo um veneno.

O que está acontecendo neste exato momento?

Pensar na boa sorte do meu amigo me fez encarar minha própria falta de sorte. Por pior que seja aceitar isto, sou um fracassado pobre e azarado.

Será que posso viver com isto?

Tenho realmente de conviver? Por que guardo esse sentimento ruim e evito minha própria experiência?

O que está acontecendo neste exato momento?

Estou zangado. Não quero me sentir assim! Não posso conviver com a dor de ser um fracassado.

Será que posso viver com isto?

Não sei. Se eu deixar que este sentimento tome conta de mim, se eu não tentar me proteger dele, significa que este sentimento vai embora? Será que eu vou deixar de me sentir um total fracassado?

O que está acontecendo neste exato momento?

Estou barganhando, em vez de me render. Estou com medo de me render ao sentimento de fracasso total.

Será que posso viver com isto?

Bem... Eu não sei. Talvez eu possa tentar.

O que está acontecendo neste exato momento?

O medo é enorme. Não posso suportá-lo! Eu sinto que ele vai me sufocar. Por que diabos estou fazendo isto? Isto é uma agonia.

Mas... espere aí... está diminuindo um pouco. Sim, o medo está ficando em segundo plano agora.

Será que posso viver com isto?

Posso viver com o medo de me sentir um fracasso total? É claro.

O que está acontecendo neste exato momento?

Deixe-me ver. Ah, certo. Ainda me sinto um fracasso total.

Será que posso viver com isto?

Acho que sim. Céus! — é como um soco no estômago. Eu sinto como se fosse vomitar.
Para quê? Não vai adiantar nada.
Isto é pior do que o medo! Me ajudem! Parece que vou me desintegrar. Desaparecer.
Mas... apesar de tudo, há um outro sentimento surgindo. É uma espécie de... alívio. Sinto-me livre só por admitir tudo isto. Livre! Um pouco desolado ainda, porém livre.

O que está acontecendo neste exato momento?

Não estou mais com medo ou resistindo. Estou somente lidando com este fracasso, vivenciando o fracasso, atento a ele. Este não sou eu, na verdade. Há uma parte de mim que sente tudo isto, mas é só uma parte. O resto de mim sente-se bem. Muito bem.

∽

Essa amostra de diálogo interior é uma estimativa bem detalhada sobre o que acontece quando começamos a fazer as duas perguntas com sinceridade. Muitas respostas se exteriorizam mais em forma de sentimentos e sensações do que em forma de palavras. Elas só são verbalizadas aqui por necessidade. Na verdade, as perguntas tornam-se habituais e passam a ser formuladas em um nível mais profundo do que o da linguagem. Vivenciar as perguntas, com o tempo, suplanta a necessidade de articulá-las.

Esclarecidos esses pontos, vamos analisar o exemplo. No início, formular a primeira pergunta leva a uma desordem de idéias e sentimentos, julgamentos externos e reações internas. Há um desejo real de acertar a resposta, mas também uma agitação, uma postura defensiva. Esta mistura de disposição e resistência é típica, até mesmo vital. Ela marca a mudança para uma *conscientização frutífera*. Essa conscientização nos informa que estamos no caminho certo, que é esse ponto que precisamos desenvolver. O desassossego que sentimos é o que fertiliza o solo. Ele abre espaço para que as respostas verdadeiras surjam.

Quando a resposta verdadeira surge em nosso exemplo — um sentimento de vergonha e humilhação —, ela produz um choque tremendo. Essa é a *prova de autenticidade* descrita no capítulo anterior, a forma como, de modo automático, saberemos que uma resposta está certa. Isso pode acontecer rápida ou demoradamente. Até que ocorra, nós continuamos a formular a primeira pergunta. Você pode ter percebido essa repetição da pergunta antes, em nosso exemplo sobre o engarrafamento. Você verá que isso acontece naturalmente, com a prática. Além do mais, é inútil ficar se perguntando se é possível lidar com "isto" sem saber ao certo o que "isto" *significa*.

Às vezes, a prova de autenticidade é fácil e conhecida. Mais com freqüência, porém, em especial quando há muita resistência, ela é como um remédio difícil de engolir. Em nosso último exemplo, o sujeito hesita um pouco, primeiro resistindo, depois barganhando e, finalmente, sentindo medo de admitir tudo aquilo. Aceitar o medo que surge é uma condição necessária para admitir as razões que levam a ele. Não há como fugir do medo, assim como não há modo de driblar a resistência. Mas passar pelo medo é meio caminho andado, e o alívio que isso nos proporciona é a melhor motivação para seguir em frente.

Quando é obrigado a encarar a sensação de fracasso, que é a fonte original de contração, nosso personagem hesita um momento e depois enfrenta a situação com coragem. Embeber-se em um sentimento de inutilidade absoluta, *ser* realmente inútil, pode produzir um tipo de dor perturbadora. Muitos consideram essa experiência tão insuportável que vão procurar as drogas, o crime ou relações prejudiciais — qualquer coisa que abrande o golpe.

O mesmo acontece com todas as emoções excruciantes. Resistir a elas é quase automático. Aceitá-las, independentemente da magnitude de uma eventual recompensa, é quase sempre um empreendimento relutante.

Por sorte, nosso personagem persevera. O resultado é uma recompensa inestimável. O sentimento de fracasso cresce, chega ao ponto máximo e decresce. A contração lava-o como uma onda. No rastro da onda, a situação se torna fresca, renovada, cheia de possibilidades. Onde antes havia rigidez e estagnação, agora há expansão e fluidez.

Este exemplo aponta para uma resistência forte como um recife. Vimos antes como o momento presente muda com constância, por sua conta, sem a nossa interferência. A resistência, entretanto, pode impedir parcialmente a mudança. Ela age como uma prisão de segurança máxima, encarcerando os aspectos inaceitáveis da realidade, enquanto tudo o mais segue seu curso. Quanto mais insistirmos em resistir, mais teremos que superar obstáculos no final das contas.

Quando enfim aceitamos o que de fato está acontecendo, é como um reencontro entre o prisioneiro e seus entes queridos. O coração dispara, abre-se de forma abrupta em comemoração.

Obviamente, cada ocorrência desse processo é única. Em geral, não é rápida ou elevada como a mencionada. Como veremos adiante, algumas vezes, as contrações se desfazem aos poucos; outras vezes, elas vão e vêm, vão e vêm, não importando quantas vezes fazemos as perguntas. Além disso, elas podem aparecer em bando, compondo o desafio, revelando muitas versões diferentes sobre o mesmo assunto.

Quando as contrações se tornam opressivas, fazer as perguntas ao lado de um amigo que o apóie pode ajudar. Às vezes, uma perspectiva externa é tudo o que precisamos para ir direto ao coração do problema. Certifique-se, no entanto, de que seu companheiro na jornada não seja uma pessoa combativa. Isso acontece mesmo com os mais bem-intencionados, uma vez que é fácil para nossos amigos ver o que não vemos, ou não queremos ver, e podemos ficar frustrados no decorrer do processo. Embora tentador, não adianta apressar o processo ou forçar a compreensão. Um ambiente de confrontação, no fim, só produz mais resistência.

Divididas com um amigo ou solitárias, as contrações são parte da vida. Se você é humano, você opõe resistência. Não importa quem você seja, não importa quão entusiasmado esteja, não há escapatória para esse destino.

Entretanto, em todo momento há sempre uma liberdade ilimitada. Não importa quem você seja, ou até onde você vá, não há exceção para essa regra.

Viver nessa liberdade impõe apenas uma condição. Por mais simples que possa parecer e por mais difícil que seja, a liberdade só requer que você exista.

CAPÍTULO 16

A lista de bens

A MAIOR PARTE DA LITERATURA SOBRE BÊNÇÃO FOI ESCRITA por pessoas místicas. A visão mística sobre o assunto é reconhecidamente similar, há séculos, entre as religiões e as culturas. Ela afirma que a glória de Deus é presente em todos os objetos, toda experiência, todo ser e todo momento. Nosso trabalho é levantar o véu de ilusão que nos impede de viver a verdade. Quando conseguimos, num processo que abala nosso ego, uma percepção direta da divindade nos preenche com uma bênção radiante. Nós descobrimos que todos os seres foram criados por Deus, a partir Dele, e que nada é mais divino ou menos divino do que qualquer outra coisa. Alegria e tristeza, bem e mal — são, igualmente, expressões de Tudo o que Existe.

Essa orientação mística não é o mesmo que panteísmo, doutrina que assegura que Deus está presente em todas as coisas. Isso é uma crença, enquanto a afirmação anterior é considerada uma experiência, algo que acontece com um indivíduo, queira ele ou não. É como se o fato de estar mal aproximasse uma pessoa mística da fonte de onde a energia brota, e aí, desse novo ponto favorável, as coisas pareçam estar num estágio anterior à forma, anterior as incontáveis particularidades que fazem o mundo ser da maneira como o conhecemos.

Num estado de êxtase místico não distinguimos nosso ser de outro, os sujeitos dos objetos. Em vez disso, só há Deus, ou qualquer nome com o qual queiramos nomear o inominável. Testemunhas desse estado, tentando colocar em palavras o que não pode ser dito, compilaram, todavia, um registro inspirador de suas tentativas. Há Rumi, o muçulmano; Santa Teresa, a cristã; Reb Nachman, o judeu; e uma quantidade de anciãos budistas e hindus. A cada geração surgem novas vozes. Nossa própria geração é cheia delas, que são acompanhados por exploradores com idéias semelhantes que descobrem referências similares em tradições nativas menos conhecidas.

Retornar à fonte de criação é torturante para muitos. A idéia de que nós devemos viver para contar a história é quase irresistível. Ela estimula o uso de drogas psicotrópicas e é considerada a principal causa da maioria dos vícios. Ainda, como veremos adiante, o grande comprometimento das drogas é que elas nunca poderão dar o que prometem. Sua lista de bens parece grande demais para ser verdade, e é.

Infelizmente, eu creio que declarações místicas carregam uma perigosa semelhança. Não é que os místicos tenham distorcido de forma deliberada suas experiências. De algum modo, sua tentativa corajosa de compartilhar o que não pode ser compartilhado é uma dádiva a ser preservada. O problema é que os místicos ficam sempre tão dominados por sua experiência divinal que acabam só descrevendo esta parte. Enquanto isso, a outra parte da história, que é sua existência como seres humanos, ou é relegada a um segundo plano, ou considerada irrelevante.

Aquele que é abençoado com a bênção mística também se alimenta, dorme, vai ao banheiro, e ganha a vida. Pode até haver um monastério como apoio, o que resolveria alguns problemas de sobrevivência, mas, normalmente, tais refúgios são tão repletos de conflitos sociais quanto o "mundo real". Apesar de testemunhos em êxtase servirem para nos incitar e enaltecer, eles também encerram um tipo constante de arrebatamento que nenhum mortal poderia sustentar. É impossível estar em êxtase o tempo todo, seja com alucinógenos ou por meio da graça de Deus.

O que tudo isso tem a ver com nossa investigação sobre a bênção? A resposta repousa na forma como nós esperamos, de fato, experimentar a bênção. Eu iniciei o livro afirmando que a bênção está sempre disponível. Eu ainda sustento essa afirmação. A cada contração que ocorre, no entanto, nós estamos, inconscientemente, afastando-nos da bênção. Ela está disponível, mas não é escolhida. Uma vez que identificamos nossas contrações, assim como qualquer resistência disposta por sobre elas, ficamos livres para aceitar tudo o que foi negado e recepcionar a bênção de volta ao coração.

Quando aprendemos a vivenciar as perguntas, nossa experiência com o momento presente é como uma corrente alternando contração e expansão, resistência e bênção. Com a atenção já desenvolvida, os períodos de contração e resistência ficam cada vez menores, enquanto os períodos de expansão e bênção crescem cada vez mais. Além disso, as causas da contração continuam a diminuir. O que certa vez pareceu um enorme trauma, logo parecerá bem trivial. Com menos incentivo à contração, a bênção fica muito mais livre para fluir.

Vivenciar as duas questões não tem nada a ver com "ser abençoado". Nem tem a ver com abandonar o mundo material, ou a conscientização diária, ou o campo da experiência corporificada. Ao contrário, possui relação com o estar presente por inteiro e de maneira incondicional. É o ato de se mostrar, de se abrir, por completo. Quando estamos verdadeiramente prontos para fazer isso, com todas as células de nosso corpo, a bênção se torna o resultado natural.

Isso é diferente da promessa de um êxtase místico eterno, a

lista de bônus não é tão perfeita assim. Ela é verdadeira. Melhor ainda, ela não custa nada, não demanda nenhum sacrifício. Em vez de pretender que desistamos de algo, a única exigência é que *aceitemos qualquer coisa*. Além disso, tudo pode ser conseguido prestando atenção a nossas próprias vidas, exatamente como elas são, sem contrair um sistema de crenças, ou um programa, ou qualquer tipo de austeridade espiritual.

Não há uma hora certa para começar a perguntar *o que está acontecendo neste exato momento?* Qualquer hora é a hora perfeita. No meio de uma discussão, sonhando acordado no trabalho, irritado numa noite de insônia — cada uma dessas ocorrências triviais nos oferece uma nova oportunidade para voltar ao presente, para nos reencontrarmos.

Talvez o processo de perguntar e aceitar tenha mais eficácia quando estamos emperrados, ou desafiados, ou encarando uma das inevitáveis provações da vida. Esses são os momentos em que contraímos mais fortemente, em que resistimos mais.

Quando realmente odiamos o que está acontecendo, nosso instinto é de escapar daquele destino como de uma casa em chamas. Se aprendermos, porém, a voltar e a encarar o fogo, a deixar que ele queime toda nossa resistência, nós nos encontraremos, então, renascidos das cinzas com uma nova sensação de poder e liberdade. Se formos capazes de aceitar *aquilo*, começaremos a entender que tudo o mais é fácil.

No Capítulo 7, citei o episódio da tentativa de suicídio de minha esposa. Escrevi sobre minha ida para o hospital e sobre o medo e a ansiedade que me invadiram. Eu descrevi como a aceitação daquele medo permitiu que a bênção surgisse em meu ser. O que eu não pude descrever naquela hora, antes de alicerçar tudo nos capítulos seguintes, foi o modo com que a bênção chegou, *junto com* todo meu medo e ansiedade.

Durante minha estada no hospital, eu me mantive perguntando *o que está acontecendo neste exato momento?*, e a resposta era sempre: "eu estou nervoso, apavorado". Então eu me perguntava: *será que posso viver com isto?*. Felizmente, a resposta era um consistente "sim".

Apesar dessa constante consciência de meu estado de pânico e de sua aceitação, o medo não ia embora. Eu fiquei apavorado, depois abençoado, apavorado, depois abençoado. Às vezes, os dois sentimentos vinham ao mesmo tempo.

Então, lá estava eu, desmascarado pela vida quando mal podia tolerá-la. O que me fez tolerar tudo, até mais do que a bênção, foi meu compromisso ferrenho de aceitar tudo, mesmo quando partes de mim não queriam aceitar *nada*.

Esse compromisso com a vida, com o que quer que ela represente no atual momento, é a essência da Bênção Básica. Ele é possível para mim, para você, para qualquer um que a queira.

O que está acontecendo neste exato momento?
Será que posso viver com isto?

Nosso compromisso com a vulnerabilidade, num paradoxo sublime, é o que nos torna verdadeiramente invencíveis.

TERCEIRA PARTE

Bênção Avançada

CAPÍTULO 17

Discordância

Nota: Este capítulo examina o escudo protetor contra a bênção. É uma tentativa de prever e refutar as críticas mais comuns. Portanto, é um pouco mais abstrato e argumentativo do que o restante do livro. Se chegou até aqui lendo seqüencialmente e não tem nenhuma apreensão séria sobre o que está por vir, apenas folheie esta parte.

QUANDO APRESENTADOS À IDÉIA DE QUE A BÊNÇÃO É DISPONÍvel para praticamente todos nós, todo o tempo, muitos ficam logo tensos. A simples idéia de deleitar-se com a bênção parece excessiva, pecaminosa e narcisista. Nós estamos aqui para servir, dizem as pessoas, e não para satisfazer nossos caprichos como se fôssemos Deus. Além disso, como poderíamos ser abençoados quando bilhões de pessoas vivem em uma miséria abjeta e o mundo a nossa volta está desabando?

Vamos nos referir a esse raciocínio como o Argumento Egoísta. Como ele, em geral, é o que prevalece, nós podemos examiná-lo primeiro.

O ARGUMENTO EGOÍSTA

O núcleo do argumento egoísta é a idéia de que buscar a bênção impede todas as outras buscas, em particular aquelas com ênfase na humildade e no trabalho. Isso não é verdade. Como foi dito na Segunda Parte, a bênção é um subproduto da presença plena e da habilidade de aceitar as contrações e resistências que surgem a todo momento. Prestar atenção a nossa experiência de vida presente nos permite sair do círculo vicioso da auto-recompensa negligente. Nossa disposição para aceitar tudo o que surge deve incluir, especialmente, a dor e o sofrimento.

Esse processo de total aceitação não requer que mudemos quem somos ou o que fazemos. Por essa razão, a bênção que acompanha o processo é tão disponível para um ativista político quanto para um monge, para um comunista quanto para um conservador. A bênção provê oportunidades iguais e não seleciona candidatos com base na raça, na classe social, no sexo, em crença ou estilo de vida.

E sobre o limite absoluto de nosso tempo e objetivo? Não deveríamos escolher se olhamos para dentro ou para fora? Será que a atenção contínua ao que está acontecendo em nossa vida não tira a atenção que deveríamos estar dando ao que está acontecendo no mundo? E não é nos acontecimentos do mundo que somos mais necessários?

A essa linha de pensamentos eu sugiro o seguinte axioma: *a qualidade de nossa atenção externa é comparável à qualidade de nossa aceitação interna*. Em outras palavras, nós só podemos fazer pelo mundo que está ao nosso redor aquilo que estamos prontos a fazer por nós mesmos.

Deixe-me exemplificar. Eu conheço uma mulher que é jornalista no Oriente Médio. Ela vive e respira seu trabalho de forma tão intensa que negligencia qualquer atenção elementar a si própria. Como resultado, ela é irritadiça ao extremo, a ponto de sua habilidade ser seriamente afetada. Seus entrevistados respondem a ela apreensivos, ou decifram com esperteza suas inseguranças, de forma a manipular o processo. Enquanto ela tem dedicado sua vida, ostensivamente, à busca da verdade, sua introspecção limitante tem produzido reportagens imperfeitas e inverídicas. O mundo exterior que ela apresenta é distorcido pelo mundo interior que ela ignora.

Em meu caso, como contei no Capítulo 4, eu nasci radical. Em qualquer lugar que houvesse vítimas no mundo, eu me levantava bravamente em sua defesa. Olhando com superficialidade, isso parece nobre, mas na verdade emprestava um ar de bravata aos meus atos que obstruía sua eficácia.

Eu sempre me perguntava de quem eu havia herdado esse jeito, pois não tinha nenhum exemplo de modelo político. Somente alguns anos mais tarde, na terapia, eu descobri minha ferida secreta. Logo se tornou claro que minha necessidade de lutar pelas vítimas, era devida, em grande parte, a uma vulnerabilidade represada. Eu lutava com tudo a minha volta porque não conseguia lidar com aquilo que estava dentro de mim.

Psicólogos chamam isso de projeção e a consideram um aspecto universal da psique humana. Sobre a tela branca do mundo a nossa volta, projetamos as partes desconhecidas ou repudiadas do nosso ser. Isso é verdadeiro para raças, países e indivíduos. Normalmente, com igual cegueira, os receptores dessas projeções fazem o mesmo conosco. Só focalizando nosso interior e desenterrando nossos demônios pessoais, poderemos desfazer esse ciclo debilitante.

A peça final do Argumento Egoísta é o que ele tem de mais emocional e mais peculiar. De alguma forma, para muitos de nós, sentir-se bem na presença daqueles que sofrem é um prazer com culpa. Nós achamos a atitude inconveniente e ofuscamos nossa luz em prol de uma suposta compaixão. Essa resposta instintiva, entretanto, clama pela pergunta óbvia: como alguém pode se beneficiar com o fato de outras pessoas estarem se sentindo mal? Será que as pessoas que moram nas ruas, os sem-teto, estão *ofendidas* com a nossa felicidade? Punir-nos com a compaixão ajudará a encontrar as causas da miséria dos sem-teto?

De fato, a razão real pela qual nos sentimos tão mal vendo pessoas morando nas ruas (ou pessoas menos afortunadas do que nós), é nada menos do que o medo. Nós recusamos a idéia de que poderíamos estar naquele lugar. E, então, ficamos logo irritados ou rápido tentamos mudar alguma coisa. De uma forma ou de outra, aprisionados por nossa contração, nós viramos as costas ao que está acontecendo realmente.

Em oposição, no centro da verdadeira bênção, há sempre um amor expansivo. Esse amor não é seletivo, ou superior. Não é para ser ostentado, mas também não é para ser escondido. Aceitar tudo interiormente é o que destrava nossos corações e nos aproxima do mundo exterior. E quanto mais abraçarmos o mundo, mais nossos esforços para livrá-lo dos males terão êxito.

Como veremos nos capítulos seguintes, optar pela bênção nos renderá abnegação, e não, egoísmo.

O ARGUMENTO NEBULOSO

Optar pela bênção pode soar como viver nas nuvens. Para alguns, parecerá uma atitude passiva, escapista e entorpecida. Devemos agradecer aos anos sessenta por isso. A contracultura daquela época deu à bênção um significado depreciativo, pois sintonizava, agitava e desistia.

Conforme descrevemos, a bênção que vem da presença integral nada tem a ver com estar acomodado. Apesar de definitivamente livre para a indolência, a bênção também está lá para ser aproveitada por aqueles que têm mais disposição. Muitos poderão questionar isso. Poderão sentir-se pressionados, muito sobrecarregados para aplicar a objetividade que requer vivenciar as perguntas.

A verdade, no entanto, é que após uma rápida curva de aprendizado, o processo se torna quase automático. Em geral, ele acontece de forma rápida, natural e *em conjunto* com todas as nossas outras atividades. Além disso, uma conscientização mais profunda abranda nossa percepção de eventos passados. O que parecia um furacão intolerável, logo se transforma numa brisa agradável.

Optar pela bênção também não é, de forma alguma, uma atitude escapista. Aceitar tudo, claro, é não escapar de nada. O arquétipo hippie é mesmo escapista, pois nega os aspectos obscuros da vida para simular um ideal sereno. Não há espaço nas nuvens para a ambição, a agressão, a violência e a maldade. Mas como alguns resquícios desses impulsos estão sempre presentes em todos nós, tentar bani-los é o mesmo que negá-los. Afinal, nuvens criam sombras também.

E sobre a reivindicação adormecida? Será a bênção apenas uma cor do espectro emocional? Será que estar com ela o tempo todo pode nos diminuir ou aborrecer? Como já abordamos o assunto nos Capítulos 12 e 16, vamos dizer apenas que a prática da presença integral não diminui o alcance das emoções de ninguém. Na verdade, ela fortifica e afia o espectro, persuadindo à conscientização qualquer sentimento previamente afastado. Ao mesmo tempo, a proximidade constante da bênção proporciona um efeito de amortecimento aos grandes desafios da vida. E uma vez que a bênção aumenta proporcionalmente a nossa aceitação, ela também atua como um incentivo a continuar aceitando.

O ARGUMENTO CLICHÊ

É quase uma dádiva que as pessoas que sobreviveram ao toque da morte ou se recuperaram de alguma doença séria falem sobre a renovação de seu compromisso de "viver o presente". É tão fácil dizer isso, e tão freqüentemente dito, que a frase quase perde o seu significado. Não me admira, então, que as pessoas sempre ridicularizem aqueles que pretendem "viver o momento". Elas dizem que todos nós somos complicados e que afirmar que uma única abordagem de felicidade pode servir para todo mundo é um insulto à inteligência.

Quando nos situamos no presente e prestamos atenção a ele, o que brota é mesmo infinitamente complexo. Tem a ver com o que somos, como nos tornamos aquilo que somos e toda a história que levou àquela existência. A aceitação verdadeira dessa realidade significa não atenuar nada, não editar os melhores momentos e, em definitivo, não simplificar.

Todavia, muitas complicações da vida originam-se da rejeição ao momento, de nossa eterna propensão de zombar dele e de fingir que a vida é diferente.

Ele não me ama. Ele nunca me ouve. Estou mal. Sozinha. Eu realmente não sei quem eu sou.

Clichê ou não, que alívio o presente momento pode oferecer quando paramos de fugir para bem longe a fim de não entender com clareza o que está nos deixando loucos. O teor é que é específico de cada indivíduo. O único elemento que se requer o tempo todo é atenção.

O ARGUMENTO HERÓICO

Não é verdade, pergunta este argumento, que as grandes mentes da história, da ciência e da cultura nos impulsionaram com sua recusa insistente em aceitar os fatos como eles são? Não é verdade que rejeitar o *status quo* leva a uma visão evoluída e a uma inovação? Que se nos agarrarmos demais ao grão de areia ele nunca se transformará em uma pérola?

Seria de fato inútil afrontar personalidades como Napoleão, Einstein ou Picasso. E é amplamente reconhecido que suas variadas neuroses são ligadas de forma inextricável a seu brilhantismo. Talvez um abençoado Picasso não pudesse nunca ter pintado um *Guernica*. Ou poderia?

Eu sugiro que o mito de gênios torturados está pronto para ser revisto. Em minha experiência, a prática da presença total, e da paz que ela fornece, libera as pessoas para se tornarem mais o que elas realmente são. Acredito que um Aquiles que aceitou no íntimo seu calcanhar pôde ajustar seu estilo de luta a ele. A presença total pode mesmo vir a ser seu maior aliado.

Um famoso diretor de filmes foi ver um analista para explorar seu caótico mundo interior. Ele perguntou ao analista se o processo de autoconhecimento poderia diminuir sua criatividade afiada. O analista, ingenuamente, concordou que era uma possibilidade. O diretor se esquivou, então, e nunca mais retornou.

A primeira tragédia nessa história é que o diretor optou pelo sucesso profissional à própria felicidade. A segunda tragédia é que nós nunca veremos os filmes que poderiam se originar de sua criatividade num estado de total inteireza. A terceira tragédia, e talvez a prova das duas anteriores, é que após um período de intenso sucesso, o diretor se afundou num marasmo artístico.

O ARGUMENTO DA FUTILIDADE

O argumento final, com que já estou familiarizado, começa com a suposição de que é impossível experimentar a bênção o tempo todo. Neste caso, qual é o sentido de persegui-la?

A resposta é simples e óbvia. Não há sentido. Como foi dito no Capítulo 13, possuir a bênção é garantir a sua ausência. Em lugar de buscá-la, nós observamos o momento presente e desmantelamos a fortaleza que havíamos construído. Nós nos comprometemos com a vida em vez de combatê-la. E, então, a bênção se revela, inevitável e miraculosamente, em tudo o que encontramos.

CAPÍTULO 18

Radar

Comprometer-se com a aceitação irá, necessariamente, trazer tudo à tona.

RECENTEMENTE UMA AMIGA LIGOU PARA DIZER QUE ESTAVA para se casar. Eu a felicitei com entusiasmo, mas havia uma nota de hesitação em minha voz. Acredito que ela não tenha notado. Então, desliguei o telefone e senti um desejo de arquivar a informação e me concentrar em minha vida. O acontecido pareceu uma perturbação, uma distração desnecessária.

Logo, entretanto, comecei a pensar nessa reação. Por que eu não fiquei completamente feliz por ela? Por que eu precisei fingir que nada havia acontecido? Sabendo que esses são sinais claros de contração, resolvi parar tudo para vivenciar as perguntas.

Atento à respiração, senti uma pressão no diafragma e um vinco profundo em minha expressão. Mantive essa atenção até que meu corpo ficasse relaxado. Deixei que as perguntas viessem. Enquanto eu esperava sem me esforçar, a primeira imagem que me veio à mente foi que minha amiga não havia retornado meu último telefonema. Isso me deixou um pouco irritado. Por baixo da raiva, havia uma ponta de mágoa, e eu notei como a sua feliz novidade impediu que eu tocasse no assunto do telefonema não respondido. Comparado ao seu noivado, aquilo era obviamente algo sem importância. Por que então eu não deixava para lá?

Em poucos minutos eu entendi. Eu não podia deixar para lá porque eu ainda não havia digerido a situação. Antes do telefonema, volta e meia eu me perguntava por que ela estava me ignorando. Antes, porém, que eu pudesse avaliar minhas emoções sobre o fato, comecei a julgá-la com base nesse fato: "Ela é vazia e não é confiável. Eu não posso considerá-la uma amiga íntima."

Minha resistência de sentir-me com raiva e magoado me preveniu de aceitar que eu estava com raiva e magoado. Trancado como estava, a resistência me impediu de estar integralmente presente durante nosso telefonema. Caso eu tivesse digerido isso antes, eu teria ficado livre para tocar no assunto com ela logo, ou deixado para outra hora. De qualquer forma, a escolha teria sido minha. Ao invés disso, ignorando minha resistência, eu só me permiti uma reação automática de hesitação.

Levou um tempinho para que eu absorvesse tudo, para que deixasse minha mente e meu corpo assimilarem o que eu havia descoberto, e sentirem o que antes eu havia negado. Além do mais, tive que admitir uma certa vergonha de minha inabilidade para lidar com a situação, e de minha incompetência.

A aceitação liberou minha contração sobre o telefonema não retornado. Senti-me calmo, até um pouco abençoado. Mas, ao mesmo tempo, notei também uma tensão residual. Mesmo quando saí de casa para algumas tarefas, eu continuava me perguntando o que estava acontecendo.

Na fila do correio me dei conta de tudo. Ouvir sobre aquele plano de casamento me trouxe algum arrependimento sobre meu divórcio. Eu achava que já o havia superado, que a cicatrização havia sido completa, mas ainda assim eu queria gritar: "Hei! Você não pode se casar e viver feliz para sempre! Isso é o que *eu* pretendia. Se não aconteceu comigo não é justo que aconteça com mais ninguém!"

De novo, senti-me envergonhado, desta vez por experimentar tal inveja. A inveja, entretanto, foi somente uma máscara para a contração, para um resquício de mágoa que eu tentava ignorar. Foi difícil aceitar que eu fosse capaz de tanta grosseria. É claro que grosseria é uma característica humana, então eu cuidei das minhas feridas e continuei humildemente com os meus afazeres rumando para a farmácia.

Perambulando pelos corredores, pegando algumas lâminas de barbear, lamentei um pouco o fim de meu casamento. Aceitei o fato de que aquelas feridas poderiam nunca cicatrizar por completo e que de tempos em tempos eu iria sentir suas pontadas. Uma parte de mim resistia à idéia de um futuro escravizado pelo passado — eu queria ser livre! — mas logo isso também se expandiu para o momento presente.

Mais tarde, preparando o jantar, comecei a pensar como é difícil estabelecer relacionamentos duradouros. Lembrei-me da minha mãe, de todos os problemas que tivemos e dos padrões doentios que esses problemas criaram. Por um momento, eu contraí em função dessas tristes reminiscências, mas então eu tive que rir. Tudo ainda girava em torno do casamento de minha amiga. Um simples telefonema cheio de boas notícias trouxe à tona meus problemas mais profundos.

Assim é, sempre foi e sempre vai ser. Comprometer-se com a aceitação irá, necessariamente, trazer tudo à tona. Na verdade, é um equívoco usar o termo "trazer à tona", uma vez que tudo já está conosco na superfície. Nossa única escolha é: reconhecemos, abarcamos os problemas e tentamos superá-los, ou negamos, recusamos e deixamos que eles, sub-repticiamente, governem nossa vida.

Eventos como aquele telefonema ocorrem com tanta freqüência que nós sequer notamos. É fácil reparar nos grandes acontecimentos, como tragédias e sérios desapontamentos, mas essas contrações menores são quase invisíveis ao radar. Notar todas elas pode ser desanimador. Uma tarefa sem fim. Há, porém, tempo suficiente. Afinal, o que nos ocupa, por exemplo, na fila do correio ou na farmácia? Praticamente só tagarelice mental. A vantagem de vivenciar as perguntas é que, apesar de isso demandar nossa presença integral, nada mais é requerido. Não há conceitos a serem compreendidos, não há problemas a serem resolvidos. Enquanto estivermos presentes, o resto se resolverá.

CAPÍTULO 19

Reserva

Fechadas dentro de nossas contrações passadas estão as chaves para nossa expansão futura.

COMO "O RESTO SE RESOLVE"? ISSO É POSSÍVEL? SE A ACEItação total no presente simplesmente dissolve todos as nossas contrações passadas, então por que as pessoas gastam milhões, e tanto tempo de suas vidas, na busca da cura de seus males interiores?

Para responder a essas perguntas vamos voltar um pouco atrás. No Capítulo 15, nós vimos como a resistência se torna uma prisão de segurança máxima. Nós vimos que tudo o que não aceitamos no momento em que aparece permanece trancado dentro de nós. No Capítulo 17, nós examinamos o processo de projeção, em que as partes rejeitadas do nosso ser lançam suas sombras sobre o dia-a-dia.

Não seria surpresa, assim, que o prisioneiro e o projetor fossem a mesma pessoa. Contração é a vítima. Contração é o culpado. Dentro de toda contração há uma abundância de energia vital. Sua natureza quer fluir, transformar-se. Ela luta contra a prisão com todas as suas forças. Projeção é a melhor ferramenta disponível, então ela faz brilhar sua luz desesperadamente.

Negar é somente uma outra forma de dizer que não foi intencional. Diferente das lembranças ou das lições de vida, ou de qualquer coisa que trazemos conscientemente do passado, contrações não dissolvidas moram em nosso subconsciente. São capazes de obscurecer nossa perspectiva e manipular nossas ações, pelo simples fato de que nós não sabemos que elas estão lá. Já os resultados de sua presença são fáceis de perceber.

COMPULSÃO

O sinal mais comum de uma contração antiga é um padrão de comportamento compulsivo. Ele pode ser evidente como o abuso de drogas, ou mais discreto como a insistência em relacionamentos doentios. Pode mesmo ser simples, como roer as unhas ou ranger os dentes. Essas formas de autodestruição sempre parecem fora de nosso controle, e na verdade o são, quando a contração está comandando o show.

O que parece superficial, uma mera punição, é de fato um grito por liberdade. A mágoa original, encurralada e desesperada, é presa no mesmo velho acontecimento. Ela retorna àquela cena muitas vezes, porque é a única que ela conhece. Enquanto viramos as costas ou continuamos lutando cegamente contra, o ciclo se limita a continuar.

Eu sobrevivi a esse ciclo, por volta dos meus vinte anos, expondo-me a uma série de casos amorosos fadados ao fracasso. Sem estar a par de minha não admitida vulnerabilidade, continuei atraindo "passarinhos feridos"; mulheres maravilhosas, porém problemáticas. Eu me entregava a cada uma loucamente e então esperava que elas retribuíssem meu amor, caso eu conseguisse salvá-las. Isso nunca funcionou, é claro, e eu sempre jurava que iria escolher melhor na próxima vez. O que não me ocorria é que, na verdade, eu não estava escolhendo.

Quanto mais tempo uma contração fica ignorada, mais destrutiva ela se torna. A ferida interna é forçada a implodir. O resultado é um buraco negro no coração, nas entranhas, e nada pode preencher esse vazio. Cada vez mais profunda e cada vez mais antiga, a ferida só espera por uma coisa: a aceitação. Com uma aceitação consistente, mesmo as feridas mais antigas eventualmente cicatrizam.

VIVENCIANDO A MORTE

Vamos ver como isso acontece. Usemos um outro sinal representativo da contração — medo arraigado. Imagine, por um momento, que você é uma pessoa que adora cantar. Você canta no banheiro, no carro, mas não conseguiria fazer uma performance em público. Na verdade, você adoraria, mas só de imaginar a cena você sente um frio na espinha.

Assim que começa a vivenciar as perguntas e o frio na espinha surge, você decide entregar-se a ele em vez de travá-lo.

O que está acontecendo neste exato momento?

> Estou pensando em subir no palco e cantar. Meu coração está disparado e minhas mãos tremem. Sinto-me um pouco tonto e paralisado. Esta sensação estranha começa no estômago e se espalha por todo o corpo.

Será que posso viver com isto?

Não! Quero correr e me esconder, me encolher todo até virar uma bola. Mas... eu prometi a mim mesmo que iria tentar algo diferente. Então, chegou a hora.

O que está acontecendo neste exato momento?

...Isto está se apoderando de mim. E muito rápido. É quase insuportável. Estou tremendo e me encolhendo de medo, e lutando para terminar tudo logo.

Então, depois de algum tempo:

Espere um pouco. Parece que está cedendo. Sim, já está acabando. Eu sinto... uau... como se estivesse totalmente aberto.

Ficar face a face com seus velhos medos, após tanta resistência, produz um alívio profundo. Você sente que pode enfrentar qualquer coisa. É claro, porém, que você não vai lotar uma casa de shows. Você quer saber o porquê? Isso pede uma outra pergunta.

O que está acontecendo neste exato momento?

Na verdade, nada. Estou presente, esperando. Há coisas vindo à tona agora. Flashes.
Meu irmão sempre fazendo troça da minha voz...
Aquele show na escola em que esqueci a letra da música...
A cara feia de meu pai. Seu olhar zangado quando eu me atrapalhava.

Será que posso viver com isto?

Por quê? São apenas memórias ruins. É claro que elas ainda estão presentes, mas e daí?

~

É tentador parar por aqui e virar as costas para essas velhas memórias. Mas você quer ficar livre delas. Então, fique firme e não arrede o pé. Esta é a primeira vez que você se abriu dessa forma para antigas contrações.

~

O que está acontecendo neste exato momento?

Em vez de ficar só relembrando essas memórias ruins, eu agora começo a me *livrar* delas. Isso está acontecendo independentemente de minha vontade. Ai, como é doloroso!

Será que posso viver com isto?

Eu não sei. Parece que o mundo inteiro está me julgando, me condenando. Como se cada pedaço do meu corpo estivesse enfermo e exposto. Sinto-me despido, depravado. É como um pesadelo.

O que está acontecendo neste exato momento?

Isso não pode estar acontecendo, mas eu preciso falar. Eu sinto... como se eu estivesse morrendo.

~

Esse sentimento de morte iminente é quase indescritível. É fácil imaginar por que você resistiu tanto tempo, por que você nunca canta em público, ou recita seus poemas, ou quase nunca diz o que pensa.

Agora, finalmente, é hora de viver esse calvário. Então você senta lá e faz as perguntas muitas vezes. Talvez as lágrimas brotem, ou soluços violentos, ou gemidos contidos. Tudo o que você pode fazer é continuar sentado. E aceitar o que vier.

Rapidamente a intensidade diminui. Você está esgotado, sugado. Você não morreu, é claro, e de alguma forma você se sente renascido. Tudo parece estimulante, pleno de promessas. Talvez você encha a tal casa de shows, talvez não. De qualquer modo, de agora em diante, a decisão será *sua*.

Contrações do passado, em especial aquelas de nossa formação, fazem com que tudo o mais pareça brincadeira de criança. Para liberá-las precisamos de muita coragem. E, para piorar, elas em geral não se dissolvem com uma batelada de perguntas. Precisam ser revistas com freqüência, forçadas, para liberar de vez o que estava preso.

E em outro ponto estão algumas contrações que são enterradas tão profundamente que precisam de anos e anos para vir à tona. Nestes casos, precisamos ter calma, mas costumamos ficar impacientes para que as coisas aconteçam.

A ARTE DO RESTABELECIMENTO

Não é à toa que com toda essa dificuldade as pessoas procurem ajuda externa. Nas últimas décadas, os métodos de assistência melhoraram muito. Para aqueles que gostam de tudo mastigado, há os psicoterapeutas. Para aqueles que têm pressa, há a hipnose. Programas que prometem milagres em doze passos soam interessantes para se fazer em grupo. A meditação desenvolve uma consciência mais profunda, enquanto terapeutas removem os bloqueios energéticos.

A lista é grande. Cada forma de ajuda tem disciplina, jargões, ramificações e argumentações próprios. Tomar conhecimento dessas particularidades já pode causar uma certa contração, mas não significa que não valha a pena. Muitos as consideram indispensáveis. Da perspectiva da presença total, entretanto, elas são uma espada de dois gumes.

O melhor desses programas assistenciais é que ajudam uma pessoa a encontrar o momento presente e estabelecer-se nele. Eles provêm espaço para o que quer que surja, e criam uma perspectiva para as passagens mais dolorosas. E eles também podem oferecer técnicas para fazer brotar a contração, além de fornecerem companhia e segurança ao longo desse tão solitário caminho.

O quanto nos beneficiará cada forma de restabelecimento dependerá, inteiramente, da forma como nos aproximamos dela. Se nós usarmos suas fórmulas para mediar o momento com análise, julgamento ou barganha, seu impacto será muito limitado. E isso é muito fácil de acontecer.

Que tentador, por exemplo, aprender sobre uma nova teoria e depois canalizar o presente momento através dela. "Estou cuidando da criança que existe dentro de mim" ou "sou muito dependente". Freqüentemente, este tipo de linguagem nos desvia de um estágio crucial de nossa experiência. Não há nenhuma criança *real* dentro de você, é óbvio. Isso é somente uma idéia. Às vezes, uma idéia como esta pode ser um instrumento de resistência, com o objetivo de abandonar o momento porque ele não se encaixa no modelo desejado.

Da mesma forma, suponhamos que descobrimos o modo como a contração se acumula no corpo e trabalhamos com um profissional experiente a fim de liberá-la. Então, a cada nova contração nós concluímos que algo está "errado". Em vez de dar ao presente momento uma chance para respirar, nós usamos nossa recém-descoberta técnica para tentar "consertar" tudo.

O modo mais comum de se esquivar do presente talvez seja nos enganando com falsos comprometimentos. Ir à terapia toda semana, por exemplo, nada significa sem uma vontade real de aceitar o que virá à tona. Muitas pessoas, entretanto, usam suas consultas como uma forma de *não* deixar nada vir à tona. Elas irão falar sobre tudo, exceto sobre o que realmente está acontecendo. Isso pode durar anos.

A pior abordagem de cura é a que não faz nenhuma tentativa de neutralizar esse mecanismo de escape. Ela, na verdade, encoraja o escape oferecendo muitas opções de atalhos e soluções rápidas. A realidade é que há duas regras sobre quanto tempo o processo de cada pessoa deveria durar. A primeira é que ele dura o quanto for necessário. A segunda é que tentar negar a primeira regra faz sempre com que o processo leve ainda mais tempo.

ROMPENDO BARREIRAS

Bloquear nossas contrações passadas é a chave para nossa futura expansão. Não há como prever quanta energia vital uma contração retém. Ela pode conter uma pequena rajada, ou uma grande parte de nossa personalidade. Vivenciar as perguntas, sem tentar apressar as respostas, assegura que não perdemos nenhum detalhe.

Além de analisar, julgar e barganhar, trabalhar com o passado leva a mais uma armadilha. Algumas vezes, quando nos abrimos para uma contração, as histórias e sentimentos que nos vêm são incrivelmente sedutores. Há tanta mágoa, ou profundidade, ou drama, que não conseguimos liberar. Ao invés de aceitar, começamos a nos *chafurdar* nas lembranças. Nossa ânsia de nos libertarmos daquilo captura novamente toda a energia. Ao final, estamos trocando um tipo de contração por outro.

Romper com as reminiscências por completo, embora gratificante, é o grande teste para nossa presença. A situação pode realmente ficar pior antes de começar a melhorar. E isso nos mostra, com o tempo, que o empreendimento é mesmo para toda a vida. Algumas contrações, ao menos partes delas, nós acabaremos levando para o túmulo. Admitir isso sempre produz uma crise de confiança. "Se não tem fim", você pergunta, "então qual é o objetivo? E, além do mais, não era para se ter acesso à bênção?"

Com a dissolução de cada contração, não importando se era pequena ou parcial, vem uma expansão simultânea. Cada expansão restaura em nós o fluxo da vida, e a bênção, como se sabe, está lá no centro desse fluxo.

Lembre-se, a bênção é o resultado, mas nunca o objetivo. Nem pode ser considerado uma meta ficar completamente curado ou livre de contrações. O único objetivo é a presença total. No lugar da presença total, com ou sem ajuda externa, as contrações passadas surgem espontaneamente. A aceitação também surge da mesma forma natural.

Essa aceitação inclui o fato de que nós podemos analisar, julgar, barganhar ou chafurdar no problema. Inclui o fato de que podemos optar por uma solução rápida ou de que a contração poderá permanecer para sempre. Inclui o fato, paradoxal, de que algumas vezes nós não estamos dispostos a aceitar.

Eventualmente, veremos que as contrações antigas não são um problema ou impedimento. São somente o que são, como tudo o mais. Assim como nenhum momento é "melhor" ou "pior" do que outro, o mesmo acontece com a qualidade da contração.

Estar aberto às contrações passadas acaba sendo a recompensa. No final das contas, não há crise de fé, pois a fé nem mesmo é necessária. Quando avaliamos se tudo valeu a pena, nossas vidas se tornam a prova real de que valeu.

CAPÍTULO 20

Conexões

Entender o papel da personalidade nos ajuda a vivenciar as perguntas. Vivenciar as perguntas, por sua vez, permite-nos distinguir entre o que é variável e o que é fixo.

PARTE DA ACEITAÇÃO REQUER LIBERAÇÃO. NÓS LIBERAMOS o que *achamos* que está acontecendo, ou o que *desejaríamos* que estivesse acontecendo, de forma que aquilo que está realmente acontecendo possa vir à tona. No início, para a maioria de nós, isso soa estranho e artificial. Nós passamos a maior parte de nossas vidas batalhando, forçando algumas barras, que acabamos superestimando a influência de nossa vontade. Nós achamos que somos responsáveis pelos acontecimentos da vida e que nós determinamos o que *somos*.

Deixar acontecer, deixar tudo ocorrer naturalmente, pode provocar a sensação de que estamos nos desintegrando. Associamos tanto de nossa identidade com compromisso, com fazer coisas, que a rendição ao presente soa como uma auto-resignação. Tememos estar cometendo suicídio. Se eu parar de tentar ser eu mesmo, pensamos, não serei ninguém, afinal.

O pânico da desintegração é o suficiente para afastar muitas pessoas, para sempre, do momento presente. Aqueles que insistem, no entanto, fazem uma descoberta surpreendente. Acontece que, se prestar atenção, ser você mesmo não requer muito esforço. Nossas particularidades e nossa personalidade atuam, queiramos ou não. Um amigo meu chama isso de nossa conexão. Em minha opinião, este termo é perfeito.

Estar conectado é experimentar aquela misteriosa mistura de natureza, criação, cultura e experiências prévias de vida. É dessa forma que somos feitos, projetados, e é por meio dessa conexão que nos comprometemos com o mundo. Embora muitos fatores possam reprimir, influenciar ou expandir nosso circuito básico, enquanto estivermos vivos ele nunca poderá ser destruído.

Estar conectado contribui não somente para o que somos como indivíduos, mas também para o que procuramos e encontramos fora de nós. Duas pessoas nunca experimentam ou vêem o mundo da mesma forma. Certamente que há semelhanças, o que confere uma popularidade palpável a sistemas de classificação como a astrologia e o eneagrama, mas há uma infinidade de mundos como há uma infinidade de pessoas. Nenhum de nós tem a capacidade, não importa o quanto tentemos, de viver a vida de outra pessoa.

Numa era de realizações científicas surpreendentes, é fácil se apegar à idéia da verdade objetiva, de um mundo real existente "à parte", além da nossa percepção. Real ou não, esse mundo de leis físicas e processos uniformizados não é como nós experimentamos a vida "aqui". A história da ciência, de seu início até hoje, tem sido povoada por embate de egos. Além disso, a forma como interpretamos os dados científicos é cheia de armadilhas.

Recentemente, por exemplo, pesquisadores descobriram uma região do cérebro que parece armazenar os impulsos religiosos.

Para os que não têm religião, isso sugere que Deus é somente mais uma necessidade biológica. Para os que crêem, isso indica o portal através do qual a divindade entra. A personalidade, por fim, é um aspecto vital da ciência *e* da natureza. Tentar fugir disso, mesmo com argumentos bastante "objetivos", é uma forma de negar a verdade.

Tudo isso não significa que estamos presos dentro de um único circuito. Ao contrário, entender o papel da personalidade nos ajuda a vivenciar as perguntas. Vivenciar as perguntas, por sua vez, permite-nos distinguir entre o que é variável e o que é fixo.

No caso da minha personalidade, por exemplo, reconheço que tenho uma tendência analítica. Aqueles que me conhecem podem considerar que isso é uma atitude natural. Sem que eu realize muito esforço, minha mente inclina-se para analisar causas e padrões de comportamento. É um elemento-chave de minha conexão. Foi assim desde a minha infância e será até minha morte. Resistir a isso, ou tentar inverter o processo, é fracasso certo.

Também é certo que eu costumo empregar a análise como uma defesa. Eu me escondo em minha mente. Cada grande conquista se torna uma severa responsabilidade e o resultado sempre parece com algo como isto:

> *Onde ele quer chegar me criticando dessa maneira? Por Deus, ele é somente um colega. Eu acho que ele é tão inseguro que ao me diminuir ele se sente melhor. É, deve ser isso. Ele acabou comigo antes mesmo de eu terminar. O que será que houve? Eu aposto que ele tem algum tipo de déficit de atenção. Será que ele me ouviria se eu dissesse isso a ele? Provavelmente, não. Ele não escuta ninguém além de sua esposa. Será que eu deveria mencionar isso a ela? De jeito nenhum. Seria falar sobre um ponto cego — ela adora o chão que ele pisa.*

Se eu ignoro o que está acontecendo nesses momentos, isso pode durar minutos ou, em certos casos, horas. Quando ajudado pelo poder da presença, entretanto, sou capaz de perceber do que se trata logo no início.

～

O que está acontecendo neste exato momento?

Pense. Pense muito. Estou com uma fixação em meu colega. Estou tentando descobrir toda sua negatividade.

O que está acontecendo neste exato momento?

Estou resistindo ao quanto sua crítica fez mal a mim, tentando disfarçar o quanto isso realmente magoa.

Será que posso viver com isto?

Agora que estou consciente da mágoa, é possível.

～

O que é fixo neste exemplo é minha tendência a analisar. O que é variável é minha postura defensiva. Essa postura é um tipo de contração. Ela retém o fluxo de energia dentro de minha conexão, o que me mantém, desnecessariamente, preso.

Através dos anos, por considerar minha vida carente de opções, tentei balancear minhas atividades intelectuais com algum esporte. Eu adorava jogar e era razoável. Foi uma escolha natural. Estava em harmonia com minha conexão. Um dia, porém, durante a faculdade, tentei consertar meu carro. A idéia de ser mecânico me era simpática, embora eu não tivesse muita aptidão para a atividade. Passei um domingo inteiro tentando trocar uma peça defeituosa. Por fim, desisti. Pedi ajuda a meu colega de quarto que fez o trabalho todo em exatos cinco minutos.

Se eu realmente quisesse ser mecânico, ninguém iria me impedir, mas não era minha habilidade. Como a vida é curta, daquele dia em diante, coloquei meu carro no seguro.

À primeira vista, isso pode parecer óbvio. No entanto, quantos de nós, resistindo às próprias limitações, passamos anos tentando seguir um padrão imposto por alguém? Ou, ainda pior, tentamos impor a nós mesmos esses padrões. Por exemplo:

O que está acontecendo neste exato momento?

> Estou estudando para as provas finais. Ao menos, tentando. Não estou conseguindo me concentrar de forma alguma. Como é que eu vou conseguir terminar uma faculdade de medicina se estou sempre tão distraído?

Será que posso viver com isto?

> Por que eu deveria? Ninguém em minha família é assim. Tudo acontece com facilidade para eles. Eles nasceram para serem médicos.

O que está acontecendo neste exato momento?

> Estou resistindo ao fato de que isso é difícil para mim. Estou resistindo ao fato de que eu não gosto disso, que eu nem quero realmente ser médico.

Será que posso viver com isto?

> Jogando tudo para o alto? Minha família morreria. Eu morreria. E, além disso, o que mais eu poderia fazer?

O problema não está em ficar ou não na escola de medicina, está em admitir a resistência de liberar uma falsa auto-imagem. Só quando isso acontecer, seja como médico ou como outro profissional qualquer, nosso personagem será capaz de expandir completamente e tomar decisões claras.

Negar nossas limitações leva a sérias contrações. Esforçarmo-nos para sermos quem não somos também. Em cada caso, se deixarmos que isso se torne uma ferida, as contrações irão se transformar em sombras obscuras. Se percebidas e aceitas, elas não terão outra chance além de vir à tona e se abrir.

Algumas vezes, quando contrações tão densas se dissolvem, elas revelam uma parte vasta e intocada de nosso ser. Em geral, as conexões acontecem cedo em nossa infância, ou mais tarde devido a um evento traumático da vida. Aceitar essas conexões nos liga a um ser estranho, uma parte de nós que não conhecemos. Esse processo pode ser cativante. Podemos encontrar novas paixões e talentos. Mas se não tivermos cuidado, ele pode desencadear uma total devastação.

Uma mulher que eu conheço, após muitos anos como alta executiva, encontrou um resquício de rebelião há muito reprimido dentro de si. O poder desse traço renegado foi tão esmagador que a levou a abandonar tanto o trabalho quanto a família. Ela começou a agir como uma adolescente imprevisível, vagando em bares e dizendo "Não!" a qualquer elemento do mundo adulto. Em vez de aceitar esse resquício e deixá-lo juntar-se ao resto de sua personalidade, essa mulher resolveu realizar todas as extravagâncias possíveis. Ela perdeu o juízo, caiu em depressão e contraiu contra tudo. Ela levou muitos anos e precisou de muito sofrimento para que pudesse restaurar uma estabilidade saudável.

Descobrir tudo o que somos, e o que não somos, é a conseqüência inevitável da presença. Estar presente nos permite reclamar com consciência nosso "ser" renegado, e descartar facilmente os falsos "seres". Também nos liberta da concepção equivocada de que "despertar" teria uma forma peculiar: alguns de nós somos predispostos para a raiva; outros não conseguem ficar parados; alguns gostam de dançar a noite inteira; outros preferem um bom livro.

Experimentar a diferença entre conexão e contração nos permite parar de buscar o caminho e começar a viver o nosso caminho. Nós vimos que todas as pessoas estão conectadas, gostem elas ou não. Aprendemos a deixar que elas sejam elas mesmas, a valorizar a diversidade em vez da uniformidade. E isso, depois de muita resistência, parece eletrizante.

CAPÍTULO 21

Oscilando

A presença consciente determina se estamos perdidos ou não em nossos pensamentos.

PRESTAR ATENÇÃO À PRÓPRIA PERSONALIDADE DEVERIA SER um processo permanente, pois nos força a imaginar o que mais, como produto de esforço pessoal, poderia também operar por meio de nossa autoridade. Logo chegamos ao campo da mente.

Para o propósito de nossa discussão vamos definir a "mente" como a parte da consciência que pensa, sente, deseja e tem percepção. Vamos estipular, em consenso com as recentes descobertas científicas, que a mente é uma entidade não localizada. Parte dela reside no cérebro, mas ela também se manifesta ao longo do corpo. Vendo de fora nós podemos ter flashes momentâneos, ou mapas bem formulados de suas ações, mas sua natureza de constante mutação é algo que nunca poderá ser reproduzido ou fixado.

Pensamento, emoção, desejo, sensação — nos próximos quatro capítulos veremos essas funções isoladamente. Vamos começar explorando o pensamento.

PENSANDO SOBRE O PENSAMENTO

Pela nossa presença somos capazes de pensar para trabalhar. Nós reconhecemos que, de início, o pensamento é uma ferramenta de investigação indispensável em muitas circunstâncias, mas problemática em outras. O pensamento inquire, compara, revê e avalia. Ele faz isso o dia inteiro, queiramos ou não. Até mesmo à noite, durante nossos sonhos. Qualquer um que já tenha tentado meditar um minuto que seja pode testemunhar que parar de pensar é completamente impossível. Na melhor das hipóteses, listando nossos desejos, conseguimos direcionar o pensamento por um período de tempo.

De algum modo, o pensamento não tem descanso. É como um mico levado pulando entre galhos. *Mente de macaco* é o termo usado na filosofia Zen. Quando tentamos vivenciar as perguntas, o pensamento é um adversário. Ele preenche toda pausa com idéias tolas. Ele nos embala para além do objetivo.

O pensamento adora divagar no passado, revivendo experiências antigas de todos os ângulos possíveis. Ele celebra, lamenta, reflete. Ele vive para criticar, procurando por fatos que deram errado e por pessoas que nos fizeram mal. Mais do que tudo, ele procura entender como é que, juntando as peças de forma correta, conseguimos que tudo se encaixe adequadamente. Mas, no momento em que ocorre a compreensão, o pensamento começa a se agitar de novo. Ele encontra mais peças, ou novos quebra-cabeças, até que ele se perca e tenha outro motivo para se movimentar.

O futuro é, também, um lugar onde o pensamento adora correr solto. Ele imagina, planeja e inventa possíveis cenários. Ele identifica um desejo no presente e então extrapola para sua realização no futuro. Não importa que, raramente, tudo saia como foi imaginado. Não importa que quando enfim o futuro chega, o pensamento já esteja em outro lugar.

Para trás e para frente, passado e futuro. Os pensamentos giram de forma caótica entre segundos, minutos, dias e anos. E quando por breves períodos o pensamento aterrissa no presente, é com atenção ao que não está lá, ao que está errado, ao que está precisando de uma imediata mudança.

> Estou com frio. Quando vai sair o jantar? Por que ele está falando tanto? Quem é aquele? Minhas costas doem. Devo sorrir? Devo partir? Todos estão me ignorando.

O blablablá interminável do pensamento não tem nenhum senso de bom comportamento. Ele funciona no trabalho, durante o sexo, no meio de uma conversação ou oração. Ele desempenha um papel importante em nossas vidas, mas sempre supervaloriza sua importância. O pensamento é como um volante de carro que pensa que é o motor, o chassi, os pneus e mesmo o motorista. Nada disso é problema, ou precisa ser superado, é só mais um detalhe. Aceitar isso, assim como aceitamos o prisma da personalidade, permite-nos estar sempre mais presentes.

PENSAMENTO E BÊNÇÃO

A mente que pensa é a parte de você que está lendo este livro. É, também, a parte que medita sobre as histórias e idéias aqui expostas, pesando sua validade e importância. A mente que pensa, porém, não é nunca a parte que experimenta a bênção. Esse não é o papel dela e ela não tem essa capacidade. Na verdade, o pensamento não pode nem se relacionar com a bênção. Os dois são como água e óleo.

Vimos antes como os pensamentos podem perturbar a tranqüilidade necessária para vivenciar as questões. Eles impedem nossa presença integral e limitam nosso acesso à bênção. O pensamento pode também distrair nossa atenção da bênção que encontramos. A variedade desse roubo de atenção é infinita, mas aqui vai um exemplo representativo.

O que está acontecendo neste exato momento?

Sinto-me expandido, conectado. Não estou estático, somente calmo e em paz. Formular as perguntas estando assim, me deixa mais aberto.

Será que posso viver com isto?

Hum. Para sempre. Aquela dor de cabeça que eu sentia está passando. O que será que causou a dor de cabeça? Eu devia parar de tomar café. Mas eu adoro café! Eu não quero parar de tomar café. O que adianta ficar saudável se não posso sequer desfrutar da vida?!

Da bênção para a baboseira em segundos. Cortesia de alguns poucos pensamentos perdidos. É natural que quando isso aconteça, nós nos amaldiçoemos e fiquemos realmente abatidos. Juramos que na próxima vez estaremos mais concentrados, ignoraremos distrações, mas logo repetimos tudo. Isso, assim como todo o resto, precisa ser inteiramente aceito. Perseguir a bênção e se abster de pensar não é falta de resistência. É uma armadilha, e o único modo de escapar a ela é ficando mais consciente e vivenciando as perguntas.

Apesar de a bênção e o pensamento nunca trabalharem juntos, eles funcionam de forma simultânea. Isso leva a uma justaposição engraçada. Eu estou experimentando a mais extraordinária bênção e me encontro, no mesmo momento, pensando no que pediria de almoço. Ou resolvendo que filme iria ver. Ou imaginando se já é hora de cortar minhas unhas.

Essa dualidade de resultados é tão comum quanto inevitável. Nem mesmo os grandes monges e meditadores estão imunes. Os pensamentos brotam constantemente porque é isso o que os pensamentos sempre fazem. Saber disso é um grande alívio. É menos uma possibilidade de erro.

Contudo, é possível para os pensamentos funcionarem mais devagar, ficarem mais esparsos e diminuírem em força e volume. Nós podemos ainda determiná-los, forçá-los ou esgotá-los. Isso só acontece — surpresa! — pela prática consistente da presença. Quanto mais aceitamos, mais nos expandimos. Quanto mais expandimos, mais a bênção fica livre para fluir. Bênção crescente é como um rio caudaloso. Ela banha as margens de nossa consciência. Às vezes, no período de cheia, quase não conseguimos identificá-la.

TORTURANDO MEU CÉREBRO

Que relevância tem tudo isso para o dia-a-dia? Não temos todos que lidar com responsabilidades, tanto pessoais quanto profissionais, que requerem que fiquemos imersos em pensamentos? E se pensamento e bênção não interagem, isso não coloca a bênção fora de nosso alcance? Felizmente, não. A quantidade de presença integral que trazemos para o pensamento determina se ficaremos perdidos dentro dele.

Como mencionei no capítulo anterior, eu sou um sujeito cerebral. Um grande pensador. Logo, essa arena me fascina, me desafia e me mostra minhas limitações. Quando comecei a prestar atenção ao modo como eu pensava, o primeiro elemento que me chamou atenção foi uma tendência a perder a consciência sobre meu corpo. Era como se, por longos períodos de tempo, nada existisse além do pensamento. Eu voltava dessas incursões mentais cansado, esgotado, tendo privado meu corpo de sua energia essencial.

O segundo elemento que notei, enquanto pesquisava meu método de pensar, foi que algumas vezes ele se transformava em uma forma de contração. Eu descobri que para "torturar meu cérebro", por assim dizer, era necessário um enérgico esmagamento. Fiquei tenso e frustrado durante aqueles momentos e a liberação mental não acontecia. Entretanto, quando eu desistia e me distraía com alguma outra tarefa, a ruptura subitamente acontecia.

Isso me ajudou a compreender, de dentro para fora, que eu não podia confeccionar meus pensamentos. Mesmo quando eu fazia um grande esforço de concentração, os pensamentos vinham por iniciativa própria. Meu único trabalho era criar um ambiente interno que conduzisse meus pensamentos. Relaxar meu corpo ou contraí-lo rigidamente só dependia de pensar de forma conciliadora.

Armado com essa nova informação, comecei a explorar modos de pensar e expandir de uma só vez. Um procedimento que ajuda é pensar "com os pés no chão". Essa simples técnica consiste em manter uma parte de minha consciência presa à terra enquanto cada trem de pensamentos deixa a estação.

A melhor ferramenta, porém, é um alarme vibratório ajustado para disparar em intervalos de alguns minutos. Ele chama atenção para qualquer pensamento desconectado, e me traz gentilmente de volta para o presente. Eu uso o alarme de tempos em tempos, como um lembrete, especialmente durante períodos de intenso esforço mental. Embora a prática possa parecer Orwelliana*, ela é, na verdade, um grande prazer. Com a ajuda do alarme, aprendi que meus pensamentos *produtivos* vêm, normalmente, em jatos curtos e que não são nunca bloqueados pela presença integral.

O contrário também é verdade, claro, já que a presença aumenta a expansão. Em um estado expandido, pensamento e bênção fluem quase em conjunto. Seu alinhamento e proximidade permitem que eu me desloque livremente de um para o outro. Eu acabo pensando mais e me sentindo nutrido, em vez de fatigado.

Já que cada um de nós está conectado de forma única, as experiências podem variar. Eu o encorajo a fazer experiências com o pensamento, brincar com ele, e ver o que acontece quando você lhe dá algum espaço. Talvez você descubra, depois de tanto pensar, que a bênção está bem próxima.

---

*Referência à obra 1984, de George Orwell, em que uma entidade controladora, chamada "O Grande Irmão", vigia a todos, dia e noite. (*N. T.*)

CAPÍTULO 22

Girando

*Emoção contida é, de longe, o tipo de contração
mais comum. Deixar fluir essa emoção, seja ela
antiga ou atual, traz-nos de volta ao
tempo presente.*

Se o pensamento gira, a emoção é um verdadeiro turbilhão. Ela flui através de nós vinda de uma fonte misteriosa, ora em uma grande torrente, ora em um córrego sinuoso. Ela se movimenta num ritmo próprio, mas está sempre em movimento. Durante seu percurso, a emoção só faz um pedido: aceitação. Aceitação é o vento que direciona a corrente.

A emoção em estado puro é deliciosa. Ela é que nos mostra que estamos vivos. É a emoção verdadeira, agradável e dolorosa. Quando estamos expandidos, há um aspecto fascinante até mesmo em sentimentos como a inveja, a raiva e a tristeza. Porém, quando a contração impede o fluxo, a última experiência que desejamos é o sentir.

Quando contraímos contra o fluxo de emoções, normalmente é porque estamos com medo. Não acreditamos que nossos sentimentos negativos irão mudar, ou tememos que eles nos destruam no processo. Mas como acontece com toda contração, isso acaba sendo uma abordagem sem sucesso. A emoção não desejada fica presa, represada pela nossa resistência, tornando-se turbulenta e arrojada como nunca.

Eu já me referi a minha maior contração passada — vulnerabilidade renegada. Bem jovem eu tomei a decisão inconsciente de não sentir a dor e o isolamento que faziam parte de meu crescimento. Era um artifício de proteção, e não era de todo mau. Eu simplesmente fingia que nada daquilo existia, que eu era livre, que me recuperava bem e que era forte. Mais tarde tornou-se urgente que eu aceitasse que era tudo o contrário.

Para mim, aceitar toda aquela dor requeria um porto seguro e um terapeuta hábil. A princípio pareceu-me cataclísmico, como caminhar num furacão. Por meses a fio eu fiquei circunspecto, frágil, como uma ferida aberta atuante. Então, quando a contração rendeu-se inteiramente, algo surpreendente aconteceu. Pela primeira vez em minha vida, pareceu bom sentir-me mal. Eu experimentei o conforto do livre fluir da emoção, aquela suavidade de apenas deixar os sentimentos acontecerem.

Desde então, muitas das minhas feridas antigas cicatrizaram. E agora, depois que aprendi a acolher todas as emoções, a aceitação ocorre muito mais rapidamente. Se, no momento em que eu identificar uma contração, eu estiver apto para vivenciar as perguntas, qualquer emoção contida estará livre para fluir. Normalmente, se nada maior estiver acontecendo, elas serão logo abarcadas pela bênção. Caso contrário, considere isso um importante sinal. Em algum lugar a negação está escondida. É hora de realizar uma profunda busca.

Tais buscas podem revelar contrações emocionais tão poderosas que são capazes de dirigir nossas vidas. Um pesquisador latino, de perto da minha cidade natal, deu um exemplo proveitoso. Embora respeitado e bem-sucedido, ele sempre sofreu de racismo acadêmico em sua carreira. Com o passar dos anos, ele passou a ter como certo que as pessoas iriam subestimá-lo ou humilhá-lo. Isso o corroía por dentro e fazia com que ele tomasse uma posição defensiva ao menor sinal de provocação. Ele começou mesmo a *procurar* briga para provar que seus detratores estavam errados.

Então ele teve um enfarto e, durante sua convalescença, começou a ver a realidade de modo diferente. Ele percebeu que, embora a dor de se deparar com o preconceito fosse inevitável, sua reação interna ao fato não estava, de forma alguma, predeterminada. Depois da aflição inicial, ele estava livre para resistir obstinadamente, ou para aceitar a intolerância e continuar expandindo, apesar dela. Depois de sua completa recuperação e de seu retorno à faculdade, ele logo teve uma oportunidade para testar sua nova filosofia.

Um nobre visitante estrangeiro, talvez sem perceber, fez uma observação racial ofensiva. O pesquisador contraiu instantaneamente. Ele sentiu a raiva ferver em seu estômago. Sua cabeça latejava e sua mão crispava. Ele imaginou uma operação de repúdio, uma conferência de imprensa, um possível protesto no *campus*. Mas então ele se concentrou e tomou consciência de seus antigos padrões. Embora ele não tenha usado a linguagem deste livro, seu processo foi o mesmo. Usando nossos termos, o que ele me contou mais tarde poderia ser traduzido assim:

O que está acontecendo neste exato momento?

Estou resistindo à ignorância desse homem. Estou pronto para me atracar com ele, de forma que não tenha que sentir a dor que ele me causa.

Será que posso viver com isto?

Com essa ignorância? Penso que sim. Com a dor? Eu gostaria, mas... Lutar contra isso já faz parte de mim. É quase como um reflexo.

O que está acontecendo neste exato momento?

Eu estou reagindo. Estou me abrindo. Eu posso ver como toda essa resistência está me fazendo sofrer. Como tudo está me magoando mais do que nunca.

Não há nada errado, claro, com operações de repúdio, conferências de imprensa e protestos. Em alguns casos, eles podem mesmo ser a melhor opção. Neste exemplo, entretanto, o pesquisador encontrou um momento apropriado para conversar, em particular, com o visitante. O visitante ouviu o que ele tinha a dizer, desculpou-se e agradeceu profusamente a ele por lidar com a situação de forma tão delicada. Por meio da presença e do esclarecimento que tudo isso trouxe, o pesquisador encontrou um curso de ação decisivo, expandido, eficaz.

Embora muitos de nós encontremos alguma opressão persistente, nossas vidas são cheias de eventos inumeráveis como esse citado. Intencionalmente ou não, nossos pais, irmãos, namorados, cônjuges, amigos e conhecidos, muitas vezes, nos magoam com suas palavras e ações. Além disso, o fluxo normal da vida diária sempre fervilha de aborrecimentos e perturbações. Nossa resistência a esses eventos pode crescer e envenenar nosso espírito, ou podemos permanecer integralmente presentes e abertos. Não há nunca uma decisão certa ou errada, mas é nossa felicidade, nossa bênção que está em jogo.

OBSESSÃO

Lado a lado com a contração comum, há uma segunda forma por meio da qual nós obstruímos a emoção. Ela está relacionada com o *analisar*, descrito no Capítulo 12 e com o *chafurdar nas lembranças*, no Capítulo 19. Uma experiência acontece, e é tão traumática, tão inaceitável, que nos inunda de dor emocional. Tornamo-nos possuídos, obcecados. Nós esquadrinhamos e inspecionamos a dor, apegados a ela para sempre. O significado inscrito nessa obsessão é um desejo de compreendê-la e, por baixo desse desejo, está uma esperança escondida: "se a compreendermos completamente, o problema poderá desaparecer.

O término de um relacionamento estimado, a morte de uma pessoa amada, a descoberta de uma doença séria — todos esses choques podem nos remeter a um padrão obsessivo. Se a dor momentaneamente diminui, ficamos desorientados. Nós a atiçamos, cutucamos, até que ela alcance de novo sua força total. A maioria de nós se lembra de ter visto alguém sofrendo dessa obsessão, de pensar o que dizer para livrá-lo dela. Visto de fora, é fácil identificar como o ciclo se mantém com facilidade. Visto de dentro, no entanto, é difícil tomar consciência dele.

Muitos reagem dessa forma a fatos bem menos importantes. Consideram-se passionais, profundamente emotivos e até mesmo se orgulham dessa característica. A verdade, porém, é que eles estão *evitando* emoções. Em vez de se afundarem por completo na dor, eles a encobrem com uma fixação interminável. O que parece ser uma rendição é contração disfarçada. Obsessão sobre emoção é outra forma de não senti-la.

O relacionamento entre pensamento e emoção é intrincado e recíproco. Se prestarmos uma atenção cuidadosa, descobriremos que na vida diária eles estão perfeitamente engatilhados.

Quando a contração está envolvida, entretanto, esse engatilhar se fecha num ciclo de reavaliação. Uma vez que nada pode mudar, tudo fica cada vez mais estridente. Perceber esse ciclo é o caminho mais curto para a conscientização.

O que está acontecendo neste exato momento?

> Eu não acredito que eles me despediram. Eu era quem mais trabalhava nesta firma. Tem que haver alguma coisa por trás disso. Um boato? Um ressentimento? Eu preciso saber!

O que está acontecendo neste exato momento?

> Aqui estou eu de novo, fazendo as mesmas perguntas que tenho feito há meses. Agitando-me para evitar um colapso.

Será que posso viver com isto?

> Estou com medo. Talvez eu não seja suficientemente forte. Respire fundo. Mais algumas vezes. Ok, talvez agora eu esteja pronto.

Se nossos pensamentos são sempre atraídos para o mesmo assunto, como neste exemplo, é quase certo que eles estão escondendo armadilhas emotivas. De forma contrária, se uma emoção dolorosa permanece mais tempo do que é conveniente, é mais do que certo que estamos presos pela obsessão. Assim:

O que está acontecendo neste exato momento?

Estou deprimido. Qual é a novidade? Desde que perdi meu emprego é a mesma coisa todo dia.

Será que posso viver com isto?

Estou vivendo com isto! Isto é tudo em que eu tenho pensado!

O que está acontecendo neste exato momento?

Ah! Entendi. Eu preciso parar de pensar sobre o assunto. Tenho que deixar rolar e deixar que isto passe.

                                   ~

Um relacionamento parecido existe entre emoção e compulsão. Se padrões difíceis ou destrutivos continuam surgindo em nossas vidas, é sinal de que há contrações emocionais. Da mesma forma, se fomentamos contrações emocionais sérias, esses padrões irão aproveitar a oportunidade para aparecer.

Não estou dizendo que ao identificarmos e soltarmos essas contrações, a vida irá, magicamente, tomar seu rumo. Isso poderá ou não acontecer. O que mudará, com certeza, é como reagiremos ao que quer que ela nos traga. Livrar-se das contrações nos dá opção e espaço. Onde antes nós reagíamos somente nos ajoelhando e aceitando, agora vemos um leque de oportunidades.

O MODO COMO NOS SENTIMOS

Olhar para os sentimentos dessa maneira nos leva a um questionamento óbvio: como podemos diferenciar uma emoção presa de uma que está simplesmente movendo-se devagar? Em outras palavras, quando é que estamos superando algo por nossos próprios méritos e quando estamos retendo-o de forma nociva? Em minha experiência, a presença integral sempre fornece a resposta. Emoções obsessivas têm a qualidade de prender. É como tentar respirar e prender a respiração ao mesmo tempo. Já emoções genuínas encorajam a expansão. Elas são libertadoras. Não importa quão rígidas ou quão prolongadas, elas nunca falham em nos libertar.

Emoção contida é, de longe, o tipo de contração mais comum. Deixar fluir essa emoção, seja ela antiga ou atual, traz-nos de volta ao tempo presente. Mas é aí que terminam nossas similaridades. O modo como sentimos as experiências e quanto as sentimos é determinado, sobretudo, por nossas conexões pessoais. Apesar de ser fácil rotular pessoas de muito estóicas, rígidas ou altamente emotivas, é dessa forma que elas foram feitas. Da mesma forma, o que fazemos com nossas emoções tem relação com nossas conexões. Um extrovertido pode gritar porque caiu seu chapéu e chorar pelo menor sofrimento. Um introvertido, por sua vez, pode experimentar a mesma profundidade de sentimentos sem dar o menor sinal.

Nenhum de nós, claro, é estritamente de um jeito ou de outro. Cada um é conectado de forma única e com uma complexidade impressionante. Descer nas corredeiras de nossas emoções nos permite descobrir quem somos e como funcionamos. Correr pelas margens, embora seja comum, é como se esquivar da vida.

CAPÍTULO 23

Inquietação

Mesmo que todos os nossos sonhos se tornassem realidade, não seria suficiente. A natureza do desejo é sempre almejar algo.

ENQUANTO O SENTIMENTO NECESSITA DE ACEITAÇÃO, O IMpulso demanda ação imediata. Todas as nossas necessidades — de sexo, drogas, álcool, dinheiro, poder, aprovação — nos cobram atitudes, sem condescendência. Muitos de nós passam a vida obedecendo cegamente, perseguindo uma constelação pessoal de desejos, com pouco senso de escolha ou controle. A força dessas necessidades é tão visceral, tão hipnótica, que aniquila, com freqüência, qualquer oposição da conexão, do pensamento ou da emoção.

Civilização e moral existem, em parte, para regular os impulsos instintivos. Elas funcionam até certo ponto. A habilidade humana em protelar suas necessidades também ajuda. No fim das contas, entretanto, nós ainda temos que lidar com a *experiência* do desejo. Nossa vida, como resultado, é uma negociação permanente. Condenamos e combatemos nossos impulsos, sublimamos nossos desejos e, seletivamente, cedemos a alguns. Quanto mais pensamos ter as coisas sob controle, maior a chance de tudo dar errado.

Para complicar, muitos de nossos impulsos vivem em conflito direto: nós queremos risco *e* segurança; nós ansiamos por comida *e* por um corpo perfeito; nós almejamos a monogamia *e* alguma variedade. Há dias em que nosso mundo interior parece mais um repulsivo campo de guerra, e nosso senso de coerência é a primeira vítima da batalha.

Eventualmente, para alguns de nós, pode surgir um momento de transformação. A qualidade insaciável do desejo assume uma clareza dolorosa. Nós percebemos que, mesmo que todos os nossos sonhos se tornassem realidade, não seria suficiente. Novos sonhos logo tomariam seus lugares. Assim como a natureza do pensamento é estar continuamente em agitação, a natureza do desejo é sempre almejar algo.

O melhor exemplo é o sexo. Todo mundo sabe o domínio que a luxúria pode exercer e como é difícil lidar com isso. A busca da satisfação sexual pode fazer com que pessoas decentes mintam e traiam os seres amados. Líderes religiosos ignoram os próprios ensinamentos, e políticos arriscam todo seu poder. Parte disso é conseqüência da inabilidade para tolerar a luxúria. Encarar a luxúria, para alguns, é pior do que o desmoronamento do resto de suas vidas.

E isso é somente para *conseguir* sexo, sem avaliar o que acontecerá depois. Não importa quanto um parceiro nos deixe excitados no início, mais tarde o magnetismo irá se esvair. Mesmo que nunca sejamos infiéis, nossas mentes, inevitavelmente, perdem-se. Nós fantasiamos acerca de tudo o que não temos — outras pessoas, outros lugares, além de nossa mistura especial de tabus. No meio de prazeres indescritíveis, no auge do momento, muitas vezes nós sequer estamos presentes.

É claro que não há nada de errado com fantasias sexuais. Felizmente nossas preferências são um assunto privado. Porém a prevalência de fantasias aponta para uma escravização interior gritante. Nós temos como certo que o sexo com a mesma pessoa vira rotina, de que ele precisa ser estimulado. Prendemo-nos ao que não está acontecendo, em vez de encarar o que de fato está acontecendo. As fantasias podem garantir uma mudança de ritmo encantadora, mas também podem indicar uma boa e velha resistência.

Reconhecer a natureza do desejo nos permite observá-lo de perto. Descobrimos que o impulso, em seu interior, abriga uma forma de contração. Ele identifica algo que está faltando naquele momento e então se contrai contra aquela falta. O impulso não satisfeito é insuportável. A realidade está errada. Dessa forma, assim como o pensamento, o desejo é uma máquina de resistência.

Não há um jeito fácil de vivenciar as perguntas na ânsia do desejo. Mas há uma alternativa. Em vez de ficar inquieto a cada impulso, ou refugiar-se em banhos frios, podemos aprender a envolver nossos desejos em presença. Acontece que muitos desejos fluem através de nós exatamente como emoções. A princípio, eles parecem densos e entrincheirados: nós temos que possuir aquele casaco, aquele carro, aquela casa. Então, com o passar do tempo e com uma dose de consciência, aqueles mesmos objetos, gradualmente, começam a perder seu apelo.

Outros desejos levam a contrações mais intensas que acabam por ser sua verdadeira fonte. Isso aconteceu com um homem em meu time de basquete. Em uma reunião de negócios, ele conheceu uma cliente de outra cidade, flertou com ela, tomou drinques e jantou, e acabou se vendo na iminência de um caso extraconjugal. Então, ele conseguiu escapar para o seu quarto de hotel e aos poucos se recobrou.

Em pleno surto de adrenalina, ele procurou não pensar em sua mulher, mas os pensamentos continuavam vindo à tona. A cada lembrança dela, ele ficava mais irado. Por fim, ele já tinha elaborado uma lista enorme de queixas contra ela. Sua paquera havia sido estimulada, em grande parte, por seus conflitos latentes. Essa conscientização não extinguiu por completo seu desejo, mas foi o suficiente para evitar que ele arrumasse uma encrenca.

ESTADO DE EMERGÊNCIA

Alguns desejos inatos persistem de qualquer forma. Veja o caso de minha vizinha, uma designer gráfica beirando os quarenta anos. Como muitas mulheres solteiras de sua idade, ela tem um enorme desejo de se casar e formar família. A cada ano que passa, seu desejo se intensifica. Ao mesmo tempo, incerta sobre seu objetivo, ela se torna cada vez mais tensa e amedrontada.

Ela também é muito resistente a introspecção. Quando mostrei a ela um esboço deste livro, ela concordou, relutante, em vivenciar as perguntas com relação a sua situação. Aqui está um relatório de sua primeira tentativa.

O que está acontecendo neste exato momento?

Estou frustrada. E com raiva. Em todo canto há famílias felizes. Por que eu não consigo ter uma?

O que está acontecendo neste exato momento?

Eu estou me comparando com outras pessoas. Estou sentindo inveja. Estou me sentindo vítima. Minha testa está enrugando e eu estou rangendo meus dentes. Eu estou resistindo a ficar velha sozinha.

Será que posso viver com isto?

Não! Eu me recuso! Esta não é a vida que eu havia planejado para mim. E o que significa afinal "viver com isto"? Há milhões de modos de "viver" com alguma coisa. Que diabos isto quer dizer?

~

Desnecessário dizer que minha amiga não estava aproveitando seu experimento. Ela se sentia ameaçada, como se as perguntas tivessem sido formuladas para negar seu desejo. Eu expliquei que a aceitação é um processo interno, e não uma sentença de confinamento solitário, e que optar pela aceitação não significava a privação de seu sonho. Ela ficaria até mesmo mais livre para continuar tentando, porque o resultado final poderia trazer alguma clareza, confiança e uma energia positiva abundante. Finalmente, eu lhe disse que "viver com" alguma coisa é um caminho simples e objetivo. Significa abarcar o momento presente como ele é, considerando-o como um ponto de partida, e não como um estado de emergência.

Mais tarde, depois que sua atitude defensiva inicial diminuiu, ela tentou de novo.

~

O que está acontecendo neste exato momento?

Tenho 38 anos e estou solteira. Vivo sozinha num pequeno apartamento. Eu ganho bem e tenho bons amigos, mas não me sinto completa. Eu realmente quero encontrar um homem maravilhoso, casar e construir uma família. Ontem!

Será que posso viver com isto?

Com minha vida atual? Enquanto eu ainda quiser torná-la diferente... sim. Com toda a ansiedade que eu tenho dentro de mim? Fica bem mais difícil.

O que está acontecendo neste exato momento?

Eu me sinto um pouco mais leve, relaxada. Como se eu tivesse tirado um peso de minhas costas.

~

Algumas semanas após nosso encontro, minha amiga ligou para me contar uma história. Uma mulher em seu prédio, na mesma faixa etária, decidiu abrir mão de todas as esperanças. Abandonando até a possibilidade de casamento, ela resolveu que iria, apenas, viver sua vida. Matriculou-se em um curso de extensão e marcou viagens que sempre teve vontade de fazer. Então, poucos meses depois, vejam só, ela deu de cara com o homem dos seus sonhos. Agora ela estava para se casar. Era quase um conto de fadas.

Logo que ouvi a história fiquei preocupado de que minha amiga tirasse uma conclusão errada de tudo aquilo. Eu achei que ela havia concluído que barganhar era o caminho, e que se ela fingisse não desejar seus desejos, eles virariam realidade de forma mágica. Felizmente minha amiga evitou cair nessa armadilha. Ela viu, ao contrário, que essa mulher havia encontrado uma forma de parar de resistir e começar a *existir*. Nós concordamos que com a forma de expansão que advém dessa experiência, quase tudo é possível.

Quando nossos objetos de desejo se evadem, ou nós os deixamos ir, o tempo presente implora por atenção. Podemos nos tornar vazios, sem vida, como se sofrêssemos de abstinência de uma droga mortal. Vivenciar as perguntas, em contrapartida, nunca é algo tão sombrio. O momento se torna cheio, vibrante, e sempre em mutação. Nós podemos, inclusive, lutar pelo mesmo objetivo e trabalhar para alcançá-lo com ainda mais paixão, sem, entretanto, condicionar nosso bem-estar ao resultado.

Para alguns de nós, a pior coisa que pode acontecer é alcançar os objetivos. Por um tempo, isso cria a ilusão de que a felicidade duradoura é resultado do sucesso. Ficamos entusiasmados e mais ligados ainda à consecução das próximas metas. Sexualmente falando, foi isso o que aconteceu com um de meus colegas de quarto na faculdade. Depois de uma série de encontros frustrantes durante a adolescência, ele ficou cheio de raiva em relação às mulheres. Sua mente era povoada por fantasias obscuras e negativas.

Então, mesmo sem estar procurando, ele encontrou mulheres dispostas a conviver com essas fantasias. Apesar de superficialmente doces e inocentes, todas elas eram bem-sucedidas no papel de pervertidas. Na época, ele achou que já tinha morrido e estava no paraíso. Mas, a cada nova conquista, suas necessidades ficavam mais intensas. Seu coração, em contrapartida, ia se fechando cada vez mais.

Depois de alguns anos nesse ritmo intenso, ele perdeu todo o apego ao ciclo a que se entregava. Sua raiva estava curada, logo, aquelas fantasias obscuras não serviam mais como combustível interior. Hoje, olhando para trás, ele vê como a lâmina cega do desejo havia lhe negado as graças sutis do coração. Ele estava ocupado. Não podia perder tempo com bênção. E a bênção, como sabemos, não vem quando não é bem-vinda.

O PARADOXO DA CONSCIÊNCIA

Mesmo quando estamos com o coração aberto, alcançar uma simples satisfação é um grande desafio. Um relacionamento maravilhoso, por exemplo, pode impregnar nossas vidas de amor. Pode também nos confundir e nos fazer acreditar que nosso bem-estar *depende* daquele amor e que o fim do relacionamento poderá trazer a infelicidade total. Da mesma forma, o nascimento de um filho pode ser uma explosão de alegria e gratidão. Mas e quando acontece uma tragédia? Se algum mal ou a morte ocorrerem àquela criança, será, inevitavelmente, a maldição do fim de nossa felicidade?

Não tem que ser, se continuarmos vivenciando as perguntas. Vivenciar as perguntas nos permite vislumbrar os pontos em que o desejo impede a aceitação, em que ele liga nossa presença a condições específicas. Para mim, vivenciar as perguntas também ajuda a penetrar no aparente paradoxo da consciência.

Antes eu pensava que me distanciar da experiência significava tornar-me frio e distante. Achava que as pessoas que viviam a vida intensamente eram aquelas que pulavam de pára-quedas e não aceitavam um não como resposta; que amavam com tanto ímpeto que acabavam destroçadas. Ficar sentado em posição de meditação, ou nada fazer em *qualquer* posição, era um refúgio para pessoas fracassadas.

De alguma forma, no entanto, descobri que a verdade é o oposto. Somente quando nos separamos de nossos desejos é que os experimentamos de forma integral. Somente experimentando nossos desejos integralmente é que podemos encontrar um caminho próprio. Isso também serve para pensamentos e emoções. Sem enxergá-los não há aceitação, e a aceitação é o que nos restitui a vida.

CAPÍTULO 24

Ardendo

Não há nada como uma ferida aberta para detonar todos os nossos planos e certezas.

PARA VIVER A VIDA COMO A CONCEBEMOS É NECESSÁRIO UM corpo. Não há exceção a essa regra. Mesmo aqueles que falam sobre experiências extracorpóreas contam-nas através de uma forma corporal. Mesmo quando um estado de consciência alterado nos leva para um lugar puramente espiritual, nossos corpos não desaparecem durante a viagem. Se deuses ou anjos ou outros seres etéreos existem, só podemos conhecê-los por meio de uma encarnação física.

Ter um corpo é o que nos habilita a ter sensações. Sensação inclui não somente os cinco sentidos externos — visão, olfato, tato, paladar e audição —, mas também nossa percepção interna. Um frio no estômago pressupõe, no mínimo, a existência de um estômago. As tradições místicas estão cheias de divindades que sonham com as sensações da carne, que consideram os sentidos um grande privilégio. E nós, humanos, concordamos.

De tudo que as pessoas desejam, sensações prazerosas estão no topo da lista. Uma refeição perfeita, um bom papo, uma velocidade estimulante, sexo suntuoso — adoramos o efeito que eles têm sobre nós. Esses prazeres costumam se misturar com pensamento ou emoção, enquanto outras vezes eles agem sozinhos. De qualquer modo, nós ansiamos pelo que eles nos dão de mais importante: expansão.

COMBATENDO NOSSO CORPO

Junto a nossa busca por prazer, nós encontramos um fato perturbador. Os corpos nem sempre cooperam. Eles expandem e contraem numa seqüência particular e misteriosa. Durante umas férias-prêmio, somos atacados por uma dor de cabeça. Em um parque de diversões, distendemos um músculo. No primeiro dia de lua-de-mel, acordamos de mau humor.

Alguns desses infortúnios têm uma causa explicável, mas, como muitos, eles nos parecem totalmente acidentais. Eles são mais uma demonstração de como não podemos controlar tudo em nossas vidas. Quem dentre nós, por exemplo, tem controle sobre a digestão? Ou sabe como oxigenar o sangue? Debelar uma infecção? Essas funções vitais ocorrem, em geral, como o pensamento, a emoção e o desejo — independentemente de nossa vontade.

Contrações do corpo, como todas as outras contrações, procuram aceitação. Sem aceitação, as contrações são forçadas a se retrair — e é isso que faz com que uma pequena queixa se torne uma terrível aflição. Mesmo com aceitação, entretanto, as contrações corporais precisam de algum tempo para se dissolver. Estar presente no desenrolar do processo fornece muitas dicas para renovadas expansões. Três observações merecem ser mencionadas.

A primeira observação sobre contração física é que grande parte de nossa infelicidade vem da luta contra nosso corpo ou, simplesmente, de ignorar sua influência. Quantas vezes, embalados pela contração, tomamos decisões erradas ou somos grosseiros com pessoas amadas? Poucos minutos poderiam ter evitado o erro, mas isso dificilmente acontece.

Imagine dois chefes de estado adiando uma conversação pela paz porque um deles está de mau humor. Ou se a conversação pela paz começasse com um simples reconhecimento do que está realmente acontecendo: "Estou um pouco irritado hoje. Vamos resolver isso logo." Soaria ridículo, se ignorássemos quantas vidas isso poderia salvar.

A segunda observação sobre contração física é o impacto que ela exerce sobre o pensamento e a emoção. Quando estamos de cama, gripados, por exemplo, tudo pode parecer desolador. Família, finanças, trabalho e relacionamentos, tudo está em crise. Mesmo uma amiga querida nos deixa enfastiados. Inesperadamente nossa mente prepara uma enorme lista de defeitos de nossa amiga. *Escandalosa, dominadora, fraca, burra.* Se fôssemos capazes de desembarcar desse trem e ver de fora toda essa melancolia, o espetáculo poderia até ser engraçado.

A terceira observação sobre contração física é um grande alívio. Mesmo em meio a tudo isso, ainda somos capazes de optar pela bênção. Nenhuma doença, nenhuma injúria, nenhuma dor inexplicável, nada pode nos impedir de vivenciar as perguntas. Vivenciar as perguntas nos permite identificar e aceitar as condições de nossos corpos de tempos em tempos. Na expansão que resulta, há lugar para um corpo dolorido *e* para a bênção. Onde quer que haja espaço, mesmo que seja uma ranhura, a bênção consegue encontrar o caminho e preencher o vácuo. Não estou dizendo que é fácil, e muito menos automático. Na verdade, em presença de uma grande dor, às vezes, parece ser completamente impossível.

O PODER DA DOR

Não há nada como uma ferida aberta para detonar todos os nossos planos e certezas. Não há nada como a dor pura para nos mostrar um retrato claro de nós mesmos. A dor nos joga no presente com o poder de sua força. Nossa usual escotilha de escape é bloqueada abruptamente. Que preço a pagar pela presença! Tudo o que queremos é dar o fora.

Das muitas doenças físicas que tive, a mais dolorosa foi um espasmo de cólon. De tempos em tempos e sem nenhum aviso, meu aparelho digestivo começava a ter espasmos. Podia durar de dez minutos a uma hora. Nada originava essa crise e nada a atenuava. Esperar passar era a única solução. A situação era contornável quando estava em casa, mas uma verdadeira provação quando me encontrava em um avião ou em reuniões.

Toda vez que acontecia, eu tinha um retrato instantâneo de minha resistência arraigada. Agora eu sei que o melhor é deitar, então eu deito. Logo minha cabeça começa a reviver os últimos dias passados. Sem descanso, ela procura por uma causa provável para os espasmos, embora eu nunca tenha descoberto nenhuma.

O que está acontecendo neste exato momento?

Dor... dor... dor.

Será que posso viver com isto?

Claro. É o jeito. Eu aposto que foi aquela comida chinesa. Ou essa seqüência de noitadas. Mas não, ambos foram na semana passada.
Então, o que mais? As aulas de ioga? A nova medicação?

Em seguida, ignorando o fato de que nada pode ajudar, minha mente começa a rever todos os possíveis tratamentos.

O que está acontecendo neste exato momento?

Dor... dor... dor.

Será que posso viver com isto?

É claro que eu posso. Será que devo tomar algumas aspirinas? Um banho quente? Aquele novo remédio de homeopatia?

Enfim, tornou-se um cenário de filme de terror.

O que está acontecendo neste exato momento?

Dor... dor... dor.

Será que posso viver com isto?

Por um tempo, sim. Mas e se desta vez a dor não ceder? E se eu tiver que viver assim para o resto de minha vida? Está bem, já chega. Começando a expansão. Iniciando a bênção. Preciso de morfina, agora!

Às vezes, minha mente fica enrolando.

O que está acontecendo neste exato momento?

Dor. Uma dor desesperadora. Mas ela não é constante. Está enfraquecendo um pouco agora. Espere, lá vem ela de novo.
Desta vez ela está se movendo um pouco. Estou percebendo como ela se desloca, sutilmente, como se estivesse vazia e de repente se adensasse.

Será que posso viver com isto?

Bem... vou fazer o possível.

~

Há uma estranha sensação de conforto em sentir cada pedacinho da dor, em se expor ao pior. E por mais horrenda que seja a dor, eu só tenho que senti-la uma vez a cada momento.

Quando eu me abro totalmente para a dor, quando eu respiro através dela, a bênção chega. Eu escolhi a bênção, optei por ela e então a perdi novamente. Neste ponto, entretanto, eu posso ver com clareza que a bênção nunca vai a lugar algum. Sou eu que, no limite de um colapso corporal, decido virar as costas para ela.

Essa minha dor periódica, apesar de muito severa, fica ofuscada se comparada com outras. Alguns tormentos podem, de forma inexplicável, destruir pessoas. Sob certas circunstâncias é tentador dizer que não há nenhum espaço disponível para a bênção. Mas eu sei que isso não é verdade. Conheço uma mulher que sofre de uma vasta degeneração neurológica e espinal. Alguns anos atrás, sua dor era intolerável, mesmo sob medicação pesada. Ela aprendeu, então, a viver com a situação e a abrir todos os caminhos na presença da dor. A dor em si não mudou, mas ela foi agraciada com a bênção de forma inesperada. Hoje, ela vive com a dor e a bênção e agradece, diariamente, a diferença.

Cada situação apresenta obstáculos próprios; generalizações não podem dissipá-los. Na verdade, há épocas em nossas vidas em que é impraticável expandir na dor. Nossas responsabilidades nos obrigam a seguir adiante, a reprimir a sensação ou a entorpecê-la com drogas. Algumas vezes, de modo irônico, entorpecer a sensação é o que nos faz permanecer presentes. Pode ser que isso aconteça, e não há motivo para sermos tão severos em nosso julgamento. Além disso, de vez em quando, nós nem estamos mesmo propensos. Não tem nada a ver com ser bom ou mau, poder ou não poder. Nós enfrentamos a dor em seus primeiros sinais, pensamos bem e dizemos: "agora não".

Pode ser que ajude tomar consciência de duas atitudes comuns em relação à dor. Uma pode ser descrita como profundamente estóica, calma. Esta abordagem premia a habilidade de ficar firme na hora da dor, é como resistência a esteróides. Tudo parece ir bem por algum tempo, até que acontece a inevitável e violenta explosão.

A outra atitude, embora parecida, tem uma aura espiritual. Comum em muitas seitas ascetas, ela encoraja a dor e incentiva as pessoas a buscarem a dor, pois considera o sofrimento físico um valioso treinamento aqui na terra. O argumento é que se pudermos suportar a dor extrema, as variedades menos intensas de dor não serão problema.

Embora útil, esse argumento carrega uma obscuridade inerente. Ele pode provocar uma atitude de comparação entre nossa capacidade de aceitação e a de outras pessoas, ou de competição, em que acabamos por valorizar e adotar padrões artificiais de santidade: "Veja, eu ganhei! Eu posso ficar sentado na posição de lótus por uma hora." "Meu joelho dói depois de apenas cinco minutos. Eu não posso agüentar. Deve haver algo errado comigo."

EDUCAÇÃO FÍSICA

Quando decidimos apenas estar presentes, sem estratégia alguma, a dor pode então revelar seus segredos. Muitas dores são contrações emocionais antigas que se alojaram no corpo. Esse tipo de dor, que a princípio parece irremovível, cede, depois de uma consistente conscientização. Outras dores mais comuns enviam um sinal bem direto. Normalmente é um sinal de "pare" — pare de ser sedentário, pare de comer, pare de trabalhar tanto. Estes sinais nos direcionam para soluções simples e imediatas. Seguir suas ordens pode evitar sérios danos.

Com o tempo, conseguimos identificar as sutis distinções entre a dor que nos chama para a ação e a dor que não necessita de nada além de presença. Se não formos cautelosos, entretanto, poderemos interpretar de forma errônea os sinais. Nós nos desviamos da aceitação procurando por um significado. Procuramos freneticamente por razões, atribuindo a cada sintoma uma mensagem própria. Um sistema de cura bem popular nos anos oitenta ligava toda aflição a uma lição espiritual. Não há nada como a armadilha da interpretação para nos afastar do momento. A dedução compulsiva, como vimos antes, faz com que nos comportemos mais como repórteres do que como participantes.

A dedução compulsiva não tem nada a ver com vivenciar as perguntas. Respostas que vêm sem esforço, que esclareçam com aceitação, possuem uma probidade inerente. Nós não ficamos calculando quanto devemos expandir para elas. O que revela as respostas é sempre algo intuitivo e bastante pessoal.

No centro de minhas costas há um pequeno nódulo, ninguém nunca o notou durante toda a minha infância. Eu mesmo só o notei quando já estava na faculdade e comecei a treinar dança moderna. Um cirurgião ortopédico me disse que havia uma união congênita de três vértebras. Um quiroprático contestou e iniciou um tratamento para tentar me realinhar. O nódulo não se alterou muito, mas, de súbito, toda aquela área do meu corpo criou vida. Eu sentia necessidade constante de estender a coluna, e uma sensação vibrante de energia fluiu através de mim.

Mais tarde, na psicoterapia, eu explorei a área para contração emocional. Descobri que não era um acidente a vértebra ter se fechado na área em torno do meu coração. Quanto mais atenção eu dava a área, mais ela se revelava. Algumas vezes, a revelação acontecia por meio de um grande e misterioso acesso de tristeza. Outras vezes apareciam imagens e memórias. O tempo todo, sem precisar de comprovação alguma, eu sabia que estava ocorrendo uma cicatrização profunda. Entre ajustes e choques, tanto físicos quanto emocionais, a cicatrização tem continuado desde então.

As histórias de nossas vidas são escritas em nossos corpos. Os significados dessas histórias pertencem a nós. Vivenciar as perguntas é como sentar à beira de uma fogueira ouvindo um contador de histórias e apreciando cada mudança de rumo da mesma.

O corpo é também um professor, e o sofrimento físico, às vezes, proporciona uma educação inestimável. Por uma década eu convivi com uma doença conhecida como Síndrome da Disfunção Imunológica de Fadiga Crônica, ou SDIFC. Essa síndrome suga a energia vital da pessoa. Enquanto a energia ainda existe, ela é distribuída em pequenas doses, e raramente há algum aviso antes que toda ela se esgote.

Vamos ter uma aula sobre presença. Pessoas que sofrem de SDIFC devem estar sempre atentas, prontas para parar com o que estiverem fazendo num instante. Da mesma forma, aprende-se a buscar disposição onde quer que ela esteja. Havia dias em que eu começava a escrever este livro ao meio-dia, enquanto em outros era impossível antes das dez da noite. Com sorte, um dia de trabalho poderia durar seis horas, mas, em geral, eu ficava limitado a três ou quatro horas. E, pelo menos um dia por semana, não havia energia nem para uma simples palavra.

Viver com essa síndrome me impeliu a uma vida de sono, vitaminas, "curas miraculosas" e teorias médicas. Mais do que tudo, no entanto, ela me inundou com minha própria resistência. Eu ansiava pela vida que eu costumava ter, cheia de múltiplos projetos e de um vigor impressionante. De vez em quando eu finjo que ela ainda existe. Eu fico extenuado e sofro uma séria recaída. Fico realmente mal até me lembrar de viver as perguntas. Então, eu me rendo e lembro o que toda aquela presença me ensinou. Eu sou um homem que tem espasmo de cólon, costas imprestáveis, uma doença crônica e uma bênção que alivia todas as dores.

Para alguns, infelizmente, a resistência é um fardo para toda a vida. Nenhuma dor ou sofrimento é capaz de fazer sequer um arranhão em suas armaduras. Na iminência da morte, podem sentir o gosto doce da rendição pela primeira vez. O fim da vida pode se tornar seu real começo. Muitos já presenciaram essa situação à beira do leito de alguém que se ama. Eu nunca vou esquecer o rosto de minha mãe, devastada pelo câncer, e de alguma forma mais presente, mais em paz do que ela jamais havia estado. Que dádiva foi partilhar esses momentos finais com ela e sentir seu coração, enfim, aberto. E como seria trágico, se ela tivesse permanecido revoltada com a morte inevitável.

CAPÍTULO 25

Emperrado

*É natural, ao ler um livro sobre a bênção, querer
logo receber a sua parte.*

HÁ UM MODO DE FALAR SOBRE A BÊNÇÃO QUE PODE TORná-la banal. Com muito falatório ou a bênção se torna uma grande confusão ou algo bastante prosaico. Pode parecer abstrata, irrelevante, sem relação com os problemas de nossa vida diária. E para piorar, descrições de bênção podem soar como uma língua estranha ou como uma unha arranhando o quadro-negro, para alguém que está arruinado pela dor e pelo sofrimento.

Bênção, em nossa definição, é nada mais nada menos do que a felicidade e o amor persistindo sem uma causa qualquer. E quando várias causas surgem para se opor à bênção? E quando setas e flechas de um arco ultrajante e insultuoso se combinam para acertar o coração de alguém?

Nessas horas nós temos vontade de gritar: "Você não entende! Ninguém pode entender! Eu tentei de tudo, mas não consegui nada!" Muitos caminhos nos guiam para essa areia movediça. *Muito gordo, muito doente, muito triste.* Não importa o que nos levou a isso, nós acabamos emperrados exatamente no mesmo ponto.

Todas essas angústias compartilham de um aspecto crucial. Elas estão relacionadas às condições de existência. Nossa alegação quando estamos afundando é que a bênção é impossível naquelas circunstâncias. Para aqueles que acreditam nisso, que se agarram à vida por um fio tênue, eu gostaria de colocar a questão a seguir.

Imagine que suas condições de vida continuassem as mesmas, ainda que de alguma forma a bênção estivesse a seu alcance. Você a pegaria? Pense sobre o que isso significa. Você pode ser um abençoado com 120 quilos, ou um abençoado falido, ou um abençoado traído. Em outras palavras, você aceitaria uma bênção caso ela não fosse melhorar a sua vida em nada?

Para muitos a resposta é não. Esse tipo de bênção soa para eles como algo sem utilidade, quase como uma bofetada. Se você é um desses, fique, por favor, consciente dessa escolha. Fique consciente de que a escolha é *sua*. A bênção que você recusa é grátis e eterna, mas ela requer a sua aceitação. Não há castigo para quem a recusa, mas não custa nada dar uma chance a ela. Dar uma chance à bênção significa que você está disposto a ter uma experiência diferente, mas não garante a experiência, nem marca uma data para ela acontecer. Simplesmente aumenta as possibilidades.

Eu tenho uma amiga que vem sofrendo com problema de peso a vida inteira. Como todos que sofrem desse problema sabem, o peso é somente a ponta do iceberg. Minha amiga vive num círculo vicioso de vergonha, raiva, medo e ansiedade. Às vezes, sem exagero, ela preferiria estar morta a ser gorda. A bênção faria de sua vida um paradoxo.

Há pouco tempo, porém, minha amiga começou a vivenciar as perguntas. As respostas que ela encontrou são profundamente perturbadoras.

O que está acontecendo neste exato momento?

Eu estou emperrada. Presa em meu corpo, como se eu não pudesse ser eu mesma ou fazer as coisas de que gosto.

Mas por quê?

Porque... bem... pessoas gordas não têm o direito de fazer o que querem. Elas ficam no caminho, tomam muito espaço.
Será que isso é verdade ou é apenas o que eu acho? Ambos. Essa é a forma com que a sociedade nos trata. E, com o passar do tempo, nós incorporamos essa idéia.

Mas isso é um fato? É isso o que realmente acontece?

Lá dentro de mim — é. Eu acredito que isso seja verdade.

Será que posso viver com isto?

Eu não sei! Meu Deus! Estou horrorizada por estar fazendo isto comigo!

O que está acontecendo neste exato momento?

Estou tremendo, chorando. Eu não quero acreditar nisso! Eu quero ficar livre disso!

Será que posso viver com isto?

Não agora. Estou muito envergonhada. Vou precisar de um tempo.

Cada vez mais minha amiga está se dando um tempo. Ela está se permitindo sentir toda a vergonha, toda a dor, todo o tempo. Isso a ajuda a entender que sob alguns aspectos ela *escolheu* sofrer. Ela vê que é possível ser gorda e abençoada. Cada vez mais ela expande em direção a essa experiência.

Outra amiga que tenho é uma mãe perfeita. Seus filhos demandam atenção constante. A pressão por tantos cuidados pesa demais em sua paciência. Mesmo os prazeres mais simples parecem sempre fora de seu alcance. Recentemente esteve muito doente. Por sorte, ela escolheu vivenciar as perguntas como parte de sua recuperação. Ela se deu o direito de estar presente, e começou a encontrar a bênção sob todo aquele estresse.

Agora, com sua total expansão, lidar com seus filhos tornouse algo muito mais gratificante. Ela descreve o modo com que a aceitação foi aos poucos criando uma mudança palpável em sua energia. As crianças sentiram de imediato, assim como sentiam a ausência de energia. Ela não é perfeita e, com certeza, não se considera um exemplo a ser seguido, mas toda vez que o choro de uma de suas crianças acena com um sinal de resistência, ela rapidamente se lembra do que deve ser perguntado.

EMBALANDO O BEBÊ

Às vezes, mesmo quando estamos dispostos a dar uma chance à bênção, ela não vem. Nós fazemos as perguntas, aceitamos e aceitamos, e não conseguimos sentir nada. Quando isso acontece, o primeiro passo a dar é rever o Capítulo 12 (A arte de perguntar) e os meios pelos quais nossas questões podem disfarçar a resistência. É comum que a cabeça culpada esqueça nossa intenção original. Lembre que a bênção é o resultado, e nunca o objetivo.

Ficar esperando que a bênção ocorra apenas impede o seu único caminho, que é a aceitação. Aceitar tudo, mesmo uma bênção que não vem, é o objetivo de vivenciar as perguntas.

Suponhamos, então, que estejamos tentando vivenciar as perguntas com sinceridade, sem tentar subvertê-las, e que a expansão ainda pareça uma ilusão. O tempo presente, neste caso, é somente uma confusão de fatos aleatórios. Montes de contrações, montes de enércia, nada que recomende o processo. É possível, quando isso ocorre, que ainda estejamos emperrados na segunda pergunta, que não saibamos ao certo o que é deixar as coisas fluírem.

A cultura moderna valoriza as atitudes e é alérgica a falta de ação; por isso, muitos de nós nos reconheceremos neste ponto: temos dificuldade ao tentar "não fazer". Caso isso lhe soe familiar, leia os próximos quatro parágrafos cuidadosamente. Leia-os mais de uma vez. Então, siga as instruções por cerca de dez minutos antes de prosseguir. Com sorte, você irá se abrir ao menos um pouquinho.

Deite-se. Sinta-se confortável. Fique atento a qualquer tensão em seu corpo. Repare em seu humor, na qualidade de seus pensamentos. Faça tudo isso sem tentar mudar nada por enquanto. Não tente ajustar seus pensamentos. Agora, deixe seu foco se dispersar. Caso sua mente procure algo para se prender, apenas aceite. Não analise ou recue, nem tente limitar seu foco.

Esta não é uma meditação especializada, logo você não tem que empregar um método específico. Somente continue a relaxar seu campo de consciência. Se algo surgir e sua atenção for atraída para ele, aceite isso sem ficar. Caso fique embaraçado, tão logo reconheça isso, relaxe novamente.

Muito provavelmente você começará a avaliar sua experiência. *Será que estou fazendo certo? Será que estou esquecendo algum detalhe? Está funcionando? Devo parar?* Aceite essas dúvidas também, mas não se preocupe em encontrar respostas para elas. Deixe que elas existam em sua conscientização relaxada junto com qualquer som e sensação que aparecer.

Se muitas coisas acontecerem ao mesmo tempo, mantenha seu foco aberto para incluí-las. Se achar que nada está acontecendo, deixe que nada aconteça. Se contrações vierem, deixe que elas encontrem seu caminho sem intervenções. Se a bênção aparecer, deixe-a vir. Quando estiver pronto para terminar este exercício, faça um instantâneo das sensações de seu corpo e de sua mente.

A vivência das perguntas, como foi dito no Capítulo 15, ocorre em um nível mais profundo que o da linguagem. Talvez você tenha sentido isso no exercício. Caso seu instantâneo corporal e mental tenha sido solto, fluido, então fique certo de que a expansão teve início. Quanto mais você exercitar, mais expansão você encontrará. Uma vez eu ouvi um monge budista comparando este tipo de conscientização a uma mãe embalando seu bebê recém-nascido. Ela fica em silêncio, amorosa e atenta. Quando o bebê protesta, se remexe e chora, a mãe simplesmente sorri e o embala com suavidade.

DANDO GRAÇAS

Porém, mesmo as mães ficam impacientes. Da mesma forma, é natural, ao ler um livro sobre a bênção, querer logo receber sua parte. Logo, se você está se sentindo emperrado, ou se está precisando de um pouco de ânimo, considere este simples atalho.

O atalho vem sob a forma de uma palavra — gratidão.

William Blake, o grande poeta místico, disse que "gratidão é o próprio paraíso". Observe que os acontecimentos pelos quais somos gratos nunca falham em nos expandir, mesmo quando um sofrimento sério está envolvido. Eles dissolvem a resistência e acalmam a ânsia da contração. Às vezes, quando estamos emperrados, as pessoas nos dizem para ficarmos gratos pelo que temos. Isto sempre soa a repreensão e nos faz contrair ainda mais. Descobrir a gratidão no tempo certo é um dos maiores presentes que podemos nos dar. Melhor ainda quando conseguimos separar nossa gratidão de suas causas, quando podemos realmente encontrar o paraíso. Então, o resultado é sempre semelhante à bênção.

Naqueles momentos em que a amargura aflui e você não consegue encontrar um único osso aceitável em seu corpo, a mesma separação também é possível. Imagine por instantes que a morte está à espreita. Imagine que cada aspecto de sua vida irá desaparecer em breve. Pense sobre as coisas de que você mais sentirá falta. É exatamente por elas que você deve ser grato. Tudo o que você tem a fazer é pensar nelas. E quando a dor é tão grande que você *quer* que tudo acabe logo, um pensamento de gratidão pode reduzir a escuridão.

Os momentos mais terríveis da minha vida ocorreram durante o colapso de meu casamento. Na hora, foi como um golpe horroroso, eu jamais desejei isso. Afinal aparentemente, minha esposa e eu tínhamos o tipo de relacionamento consistente que, em geral, dura a vida toda. Eu amava a ela e a nossa parceria mais do que tudo. Então, tudo desmoronou a minha volta, e eu não pude fazer nada a respeito.

Nos primeiros dias de nossa separação, minha mente era um exemplo de obsessão. Durante o dia inteiro eu lutava para tentar organizar minha confusão. Eu analisava, julgava, barganhava e me espojava na tristeza. De forma inconsciente, eu alimentava minha dor lutando contra ela. Quando enfim eu desisti e aceitei o que estava acontecendo, recuperei o foco da realidade.

A paz que veio com a aceitação me ajudou a encontrar proteção dentro de mim mesmo, o que contribuiu para o curso da crise. Num relance, eu pude ver meu casamento com muito mais clareza. Eu ainda estava profundamente magoado, mas também gratificado por tudo o que aquela parceria havia me proporcionado. Aquela gratidão me permitia vivenciar as perguntas, aceitar toda a dor como um prêmio. Permaneci aberto e despedaçado até que um dia a bênção me remendou por inteiro.

QUARTA PARTE

Além da Bênção

CAPÍTULO 26

Ouvido de cão

Opiniões, crenças e valores podem nos afastar dos outros sem necessidade.

GRANDES SOFRIMENTOS QUASE SEMPRE NOS DEIXAM EM PEDAÇOS. Temos que reconstituir nossa identidade catando os pedaços de todas as certezas que costumávamos ter. Se, no entanto, reconstituímos muito rápido, perdemos uma ótima oportunidade: esse estado de destruição nos garante a chance de um novo começo, de nos vermos renovados, de praticarmos a mais poderosa prática de aceitação.

Será que conseguimos praticá-la na ausência da tragédia? Podemos fazer isso sem chegar ao fundo do poço?

A vivência das perguntas acaba sendo um grande equalizador. Permite que cada um de nós, independentemente das circunstâncias, regenere-se aos poucos. Quando nos adiantamos à resistência, e tentamos nos convencer gentilmente a nos abrir, a armadura se revela e acaba caindo por terra. Pense nisso como um despedaçamento deliberado.

QUEM NÓS PENSAMOS QUE SOMOS?

A armadura que cai estava protegendo a nossa identidade. É tudo o que pensávamos que éramos. Aprendemos prematuramente a distinguir as pessoas por gênero, raça, religião, etnia, nacionalidade, classe, aparência, inteligência e habilidade. *Ele é um executivo inteligente, elegante, muçulmano e afro-americano, com grandes aptidões matemáticas.* Ou: *ela é uma católica mexicana, lerda, simplória, depauperada, que se sobressaiu tocando violino.* Nós inventamos uma gama de conexões para nossas definições. Nós vemos essas conexões como definidoras de nossa existência; ligamo-nos a elas. Muitas vezes lutamos e até morremos por elas. Mas tudo isso é função do destino, algo que acontece a nós e que está fora de nosso controle.

As ocorrências de nossa existência são uma parte diversa do que ela é. Negar essas ocorrências é viver em resistência. Aceitá-las, vivê-las intensamente, permite-nos enxergar como elas afetam nossas vidas. Em pouco tempo conseguimos identificar a distinção vital entre identidade e *identificação*. Enquanto a identidade se manifesta sem a nossa interferência, a identificação requer uma escolha.

Tomemos como exemplo a nacionalidade. Eu sou americano. A menos que eu abra mão de minha cidadania, serei sempre um americano. Quanto, porém, o fato de ser americano afeta meus pensamentos e ações? Há um lado que funciona de forma automática, inconsciente mesmo, mas de certo modo isso já está em mim. Será que, em termos patrióticos, eu tenho identidade com os EUA? Eu mataria para defender seus interesses? Será que eu menosprezo as pessoas de outros países?

A identificação com a nacionalidade, uma circunstância qualquer, ou mesmo o destino, pode levar uma pessoa a um forte sentimento de posse e de comunidade. Pode, também, causar uma forte contração. A identificação com o que somos requer sempre uma *des*identificação com o que não somos — e isso acaba provocando um nós *versus* eles, sejam pretos *versus* brancos, homossexuais *versus* heterossexuais, ou homens *versus* mulheres.

A presença integral, no entanto, significa aceitar todas essas diferenças sem se apegar a elas. É como se eu tivesse que me opor a você — no campo político ou no judicial, não importa — e ainda assim aceitasse você da mesma forma que eu me aceito. No estado de expansão, nosso coração permanece aberto e inclusivo. Nós não aceitamos a diversidade porque é "o certo", e sim porque é o que nos parece mais natural. Nós não amamos nossos inimigos porque Jesus nos ensinou a agir assim, mas porque é impossível agir de outra forma.

NÓS E ELES

Um aspecto mais sutil da identidade envolve nossas opiniões, crenças e valores. Apesar de não estarem tão arraigados, como diferenças raciais, de gênero e etnia, suas raízes também são muito profundas. A partir do momento que aprendemos a falar, somos encorajados a classificar nossos gostos e aversões. *Minha cor predileta é... Minha comida favorita é...* Em princípio, essas escolhas pessoais podem mudar bastante e são facilmente manipuladas por comerciais e outras influências. Num dia são os *Power Rangers*, no outro são os *Transformers*. Então, o poder de observação aplica suas garras de ferro. No ensino médio, a maioria de nós já faz parte de grupinhos que concretizam e reforçam nossas afinidades — os atletas, os cafonas, os estudiosos etc. É preciso ser um jovem especial, em um ambiente mais especial ainda, para conseguir circular em todos os grupos com freqüência e desenvoltura.

À medida que ficamos mais velhos, nossas preferências vão se tornando cada vez mais complexas. Roupas, penteados, estilo musical, discurso e hábitos refletem essas preferências. Talvez por não terem sido herdados, por terem sido criados por nós mesmos, nossos gostos acabam adquirindo uma importância enorme. Quando adolescente, apaixonado por cinema, eu achava quase impossível ser amigo de alguém que não gostasse dos mesmos filmes que eu. E se eu detestasse um determinado filme e um amigo adorasse, o mundo estava acabado. O que havia começado como um inofensivo exercício — *Meu brinquedo favorito é... Meu filme predileto é...* — virou um motivo para rejeitar alguém.

Embora meu fascismo cinematográfico possa parecer somente um ardor adolescente, todos nós, quando adultos, organizamos nossas vidas de forma linear. Escolhemos como amigos aqueles com quem mais nos identificamos, juntamo-nos a grupos que refletem nossos pontos de vista. Estamos freqüentemente em busca de ambientes que espelhem nossos referenciais. Sempre que crescemos e mudamos, incorporando uma nova atitude, nossas associações mudam ao mesmo tempo.

É claro que nada disso é problema, ou algo a que tenhamos que resistir. É uma simples conseqüência do modo como somos criados. Mas estarmos atentos a nossa capacidade de avaliar a importância de um assunto, assim como a todos os outros aspectos da mente, ajuda a nos despir de muitas contrações. Nós vemos como a identificação com nossas perspectivas podem criar um eterno nós *versus* eles. Há o liberal *versus* o conservador, o intelectual *versus* o inculto, o urbano *versus* o rural. As facções permeiam todos os setores da sociedade, independentemente de seu superficial aspecto benigno. Batalhas furiosas surgem por diferenças entre escolas de ioga, métodos de conservação, e até por modos distintos de fazer caridade. Essas batalhas baseiam-se na idéia de que há um procedimento correto, um procedimento melhor, uma forma única de fazer as coisas.

ESCOLHAS DIFÍCEIS

A vida, algumas vezes, requer que nos posicionemos, que tiremos por nós mesmos a conclusão sobre o que é inteligente ou estúpido, bom ou mau, certo ou errado. Mas a vida nunca demanda resistência. Essa escolha é sempre *nossa*. Vejamos o caso do aborto, por exemplo, um assunto que polariza a todos e oferece um grande desafio para que estejamos abertos.

Se você se opõe ao aborto, o outro lado é composto de assassinos. Se você defende a opção, seus oponentes são um bando de terroristas radicais. Nenhuma negociação, nenhuma tentativa de acordo poderá criar uma ponte sobre esse precipício de fundamentos. Então, como ficar expandidos em tal situação? Como amar nossos inimigos se os enxergamos como aqueles que assassinam bebês íntegros e inocentes.

A aceitação, como sempre, é a resposta. Das inúmeras posições e atitudes que envolvem este assunto complexo, nenhuma é perfeita. Entretanto, para enfatizar os benefícios de vivenciar as perguntas, mesmo nas circunstâncias mais exaltadas, vamos ver um caso sob as duas perspectivas.

Primeiramente, suponha que seja a favor do direito de escolha e tome conhecimento dos ataques às clínicas especializadas. É um estímulo para a produção de uma contração imediata. Esta primeira sensação física, lembre-se, é natural e inevitável. Porém, assim que você se torna consciente dela, pode escolher vivenciar as perguntas.

~

O que está acontecendo neste exato momento?

Estou sentindo raiva, estou triste e frustrado porque pessoas podem ser prejudicadas ao serem atendidas precariamente.

Será que posso viver com isto?

Eu não sei. Quando eu deixo estes sentimentos fluírem através de mim, sou tomado por visões de violentas vinganças. Tenho medo do que eu poderia fazer.

O que está acontecendo neste exato momento?

Eu estou resistindo à minha raiva. Eu não quero me sentir como eles.

Será que posso viver com isto?

Talvez. Ao menos eu posso ver onde a aceitação está me bloqueando.

~

Sentir-se um assassino, abarcar o assassino que existe dentro de nós, nada disso se assemelha, realmente, a matar alguém. A verdade é que somos capazes de qualquer emoção, não importa quão primária, ou não civilizada, ela seja. Mesmo o mais sagrado dos sábios pode experimentar uma fúria assassina. A forma como respondemos a tais emoções é o que faz a diferença.

Se resistimos interior ou exteriormente aos ataques às clínicas, a resistência ainda está comandando nossa atitude. Aceitar e admitir a realidade incontestável é o único modo de relaxar a contração e permitir a expansão. Daí em diante, não importa como agimos, esta fluirá de nossa verdade mais profunda.

Agora, suponha que você está protestando na porta do comitê local de apoio ao planejamento familiar. O protesto é legal e pacífico, ainda que dentro de você nada esteja muito pacífico. Enquanto dúzias de mulheres grávidas fazem passeata, seu estômago constringe e seu rosto fica vermelho. Com toda essa dificuldade, cercado de outros manifestantes, você começa a vivenciar as perguntas lá mesmo.

O que está acontecendo neste exato momento?

Estou mortificado, ultrajado. Como é que as pessoas podem simplesmente descartar uma vida humana tão preciosa?

Será que posso viver com isto?

Com meus sentimentos, sim. Posso até conviver com o fato de que o aborto é legal, mas eu não quero expandir nem mais um pouco.
Como é que eu posso me sentir abençoado frente a essa crueldade indescritível?

O que está acontecendo neste exato momento?

Eu estou optando por não me abrir por inteiro. Estou me prendendo aos sentimentos que me constringem.

Será que posso viver com isto?

Olha, eu tenho que me sentir mortificado e ultrajado. Caso contrário, não seria eu mesmo.

∼

Neste exemplo, o pior é trabalhar com a identificação. Parece, a quem está protestando, que uma certa dose de resistência é justificável, até *necessária* para sustentar o próprio ser. Nossas personalidades, no entanto, mantêm-se sem ajuda alguma. E nossas emoções simplesmente congelam quando tentamos dominar seu curso.

Não há nada de errado em ditar um limite, em dizer que sob certas circunstâncias só conseguimos expandir até determinado ponto. E também não há problema algum em fazer concessões aos limites, pois não estamos contradizendo nem reduzindo nada. A bênção que pode resultar disso é a mais livre e completa força vital. Na verdade, isso dá suporte, nutre e encoraja nossas convicções mais autênticas.

COMO ISSO ACONTECE

Vivenciar as perguntas não tem nada a ver com moralidade. Não é uma licença para ter qualquer atitude, nem um convite para não fazer nada. Na verdade, vivenciar as perguntas é amoral. É inegável que a vida é cheia de decisões difíceis. Não há espaço para abstrações vagas como "todos devem se amar". Em vez disso, a prática de vivenciar as perguntas traz uma nova conscientização acerca das escolhas morais que todos nós temos que fazer. Admitimos que muitos atos violentos são cometidos na cegueira da contração. Reconhecemos que a expansão abre o coração, que o amor por nós mesmos e pelos outros nos leva a resultados mais satisfatórios.

Mesmo assim, não há um conjunto uniforme de valores que funcione para todos. Onde, por exemplo, a matança deveria parar? Com bebês que ainda não nasceram? Com insetos? Com criaturas que nossos olhos podem ver? Todos nós, até mesmo os menos violentos, temos alguma cota de morte em nossa rotina diária. Competir sobre os níveis de pureza pode trazer ainda mais violência ao mundo.

Desde assuntos menores, como o gosto cinematográfico, até preocupações maiores, como o aborto, nossa perspectiva se torna a lente através da qual vemos o mundo. A identificação com a perspectiva nos faz confundir o que é certo e o que é errado para nós. Muitos de nós percorrem o mundo achando que sabem exatamente "como tudo acontece"; no entanto, na maior parte do tempo, estamos em desarmonia. Mesmo quando encontramos compatriotas e fazemos contato com eles, mais cedo ou mais tarde nossas perspectivas se dividem.

Manter consciente a perspectiva dos fatos e vivenciar as perguntas a cada momento, com todas as suas nuanças, evita que fiquemos escravizados por ela. Expandidos, somos livres para usar as lentes, dispensá-las ou desenvolver novas perspectivas. Tornamo-nos particularmente mais atentos aos meios pelos quais opiniões, crenças e valores podem nos afastar dos outros sem necessidade. Mantemos nosso ponto de vista característico, mas ao mesmo tempo ampliamos nossa visão.

Sempre que me contraio muito devido a minha perspectiva, tento me lembrar do que um cachorro escuta. A sensibilidade canina aos sons é infinitamente superior à dos humanos. Seu olfato também é mais apurado. Outros animais possuem uma acuidade visual incrível ou uma percepção assombrosa de certo grupo de estímulos. Todas as criaturas viventes dividem o mesmo mundo, mas o percebem de formas bem diferentes. Há sempre muito mais acontecimentos do que estamos dispostos ou somos capazes de descobrir.

A audição dos cães me deixa humilhado. Ela me encoraja a destruir minha armadura. Tornou-me mais curioso e me fez ter menos certezas. Fiquei extasiado com tudo o que eu não sabia, mais do que com o que eu sabia. Descobri, por fim, como é aborrecido saber todas as respostas.

CAPÍTULO 27

Inferno

*A discrepância entre expectativa e realidade cria
um nó que não deixa a resistência se afastar.*

"*O* INFERNO", NA FAMOSA DEFINIÇÃO DE JEAN-PAUL SARTRE, "são as outras pessoas". Parece que elas nunca fazem o que queremos e estão sempre em nosso caminho. Tem aquela mulher a quem falta dinheiro no caixa-rápido do supermercado, e o homem que fala alto na biblioteca. Quando estamos atrasados, alguém decide dirigir a três quilômetros por hora. Quando estamos velejando, alguém cola atrás para aproveitar nosso vento. Se estamos trabalhando concentrados, ou se nos afastamos para aproveitar um pouco de solidão, pessoas sempre surgem para nos importunar.

Quanto mais importante é o objetivo, mais intensa é nossa frustração. Um pouco dessa frustração faz parte da vida e também é algo que requer aceitação. Muito dela, entretanto, é criada por nossa própria resistência. Da mesma forma que a identificação com a perspectiva pode reforçar a contração, a expectativa sobre as pessoas que estão ao nosso redor também pode.

EXPECTATIVA NO TRABALHO

Em todos os setores da vida, nós alimentamos uma expectativa sobre o modo como as pessoas deveriam agir. Quando elas correspondem, navegamos na onda temporária da expansão. Quando elas falham, a resposta é a contração. Em nossas carreiras, por exemplo, esperamos que as pessoas nos exaltem, valorizem e promovam. Caso elas não façam isso, achamos que o mundo está errado. A discrepância entre expectativa e realidade cria um nó que não deixa a resistência se afastar. Não importa a quem nós culpamos — eles, nós, o destino, Deus —, a expansão simplesmente não acontece.

Isso aconteceu comigo por mais de uma década, quando estava tentando a carreira de roteirista. Cheio de paciência e determinação, eu me virava para ganhar meu sustento. Escrevi roteiros e mais roteiros e batalhava atrás de uma oportunidade. Com o tempo, o sucesso começou a aparecer. Eu ganhava mais e mais dinheiro, qualificava-me para projetos cada vez melhores. Nunca, porém, senti realmente que eu havia "feito aquilo". Eu continuava a me ver como um intruso, com o nariz colado na vitrine.

Quando comecei a vivenciar as perguntas e a incluir minha carreira no campo da conscientização, ficou claro para mim como era imensa a expectativa que eu havia criado. Eu vi que, em minha cabeça, "fazer aquilo" significava que todos finalmente iriam me amar. Eles veriam como eu era talentoso e brilhante e então me sagrariam como o famoso do momento. Esse sonho de aprovação artística era o que *faltava acontecer*. De alguma forma, entretanto, ninguém nunca captou a mensagem.

Além desses minutos de fama e do anseio desesperado por eles, eu experimentei um desapontamento ainda maior: contraí amargurado contra toda a indústria do entretenimento. Eu a via não como um grupo de indivíduos inacreditavelmente diferentes, mas como um monólito unificado e punitivo. Eu sentia que sua recusa em reconhecer minha genialidade era como uma declaração de guerra. Eu estava em guerra no trabalho e tornei-me fechado como uma ostra até o ponto de uma quase paralisia criativa.

Abandonando minha resistência e admitindo toda a mágoa que a acompanhava, vi que, de forma hábil, eu havia projetado minha história pessoal em cima de um trabalho totalmente impessoal. Talvez o status de estrela viesse a fazer parte do meu destino, talvez não, mas isso não seria mais um pré-requisito para minha expansão. Encontrar a bênção do ser, e aprender como optar por ela, deu-me liberdade para aliviar cada novo projeto da pressão da expectativa. Desde então, o processo real da escrita parece brilhar com recompensas próprias. De tempos em tempos, a velha história ainda tenta dominar, mas com uma dispensa delicada ela desaparece rapidamente.

EXPECTATIVA EM CASA

A expectativa dentro da família leva a contrações ainda maiores. Nós desenvolvemos uma imagem da família que *deveríamos* ter, e depois comparamos nossa família verdadeira com base nesses padrões. O padrão costuma ser definido pela televisão, mas com o decorrer dos anos, aprendemos a ser mais criteriosos quanto à qualidade lamentável da maioria dos seriados que passam. Os Nelsons e Cleavers[1] deram lugar a ídolos psicologicamente mais inteligentes.

---

[1] Referência a personagens de séries americanas populares e mais antigas. (*N. T.*)

Agora queremos pais e irmãos que nos amem de modo incondicional, que apóiem nossos esforços e que compreendam todos os nossos problemas. Queremos isso independentemente do fato de termos de retribuir ou não o favor. E quando os membros de nossa família não correspondem as nossas expectativas, contraímos a cada falha deles.

Eu tenho uma amiga que se deu conta disso há pouco tempo em sua família. Seu pai é notoriamente desatento. Enquanto conversam ao telefone, naquele bate-papo de fim de semana, ele, ao mesmo tempo, assiste à televisão, conserta coisas ou se engaja em outras conversas. A falta da atenção integral de seu pai estava deixando minha amiga louca. Ela contraía, reclamava com as amigas, julgava-o por sua aparente rejeição. Então, ela decidiu vivenciar as perguntas.

O que está acontecendo neste exato momento?

Acabei de falar com papai. Como sempre, me senti inferiorizada, magoada, ameaçada e um pouco desajeitada. Tem algo preso em minha garganta e um nó em cada um de meus ombros.

Será que posso viver com isto?

Bem, uma parte de mim diz que sim. Outra parte, porém, diz que não. Esta parte quer que ele mude, cresça e pare de agir como um garotinho disperso.

O que está acontecendo neste exato momento?

Eu estou resistindo à realidade do que ele é, do que ele é capaz. Ou... ao menos do que eu o considero capaz.

O que está acontecendo neste exato momento?

Estou percebendo que tenho várias crenças sobre as limitações de meu pai. É como se "já que ele sempre foi assim, ele sempre será assim".

O que está acontecendo neste exato momento?

Estou começando a enxergar minha parte em todo esse processo. Não somente minhas crenças, mas também minhas ações. Por exemplo, sou sempre eu que ligo para ele. Eu poderia parar de ligar, ou ligar com menos freqüência.
Eu poderia discutir isso com ele diretamente, sem hostilidade? Parece ridículo admitir, mas acho que nunca tentei fazer isso.

O que está acontecendo neste exato momento?

Estou pensando sobre a conversa e estou com medo. Tudo isso me parece tão frívolo. Não estou certa de que eu conseguiria sucesso com essa atitude.

∼

Quando nossos personagens e padrões de comunicação estão fortificados, parece sempre que não há outra opção. Minha amiga, repentinamente, conseguiu enxergar um inteiro leque de opções. Isso foi esclarecedor, mas também confuso. Ela estava disposta a se libertar de suas expectativas, mas ainda não estava certa sobre quais expectativas ela gostaria de colocar no lugar.

Este tipo de vínculo instável, entre o que é e o que poderia ser, é outra forma da fértil conscientização de que falamos anteriormente. Embora estressante, é também vital. Enquanto nos mantivermos vivenciando as perguntas por completo, nossas respostas mais verdadeiras chegarão sempre.

Minha amiga decidiu, enfim, admitir seu medo. Quando ele cedia um pouco ela confrontava seu pai. Surpreendentemente, ele alegou total ignorância acerca de sua desatenção. Como ela estava relatando sua experiência, e não atacando-o, ele sentiu-se livre para aceitar sua teoria. Ele concordou em ficar mais atento e checar os resultados com ela.

Com o passar do tempo, a situação voltava a acontecer. O pai se mostrava incapaz de grandes mudanças, mas minha amiga mudou de maneira significativa. Os diálogos abertos liberaram a maior parte de sua resistência. Ela viu que o foco distorcido do pai não significava que ele não a amasse, ou que ele não fosse um bom pai. Ela até encontrou um jeito de fazer piada com o problema, perguntando ao pai com uma voz brincalhona: "ao que você está assistindo agora na televisão?"

Expectativa entre pais e filhos funciona nos dois sentidos. Eu conheço uma mãe que ama profundamente seu filho já crescido, mas sente que eles deveriam passar mais tempo juntos. Ela vive tentando persuadi-lo a ir visitá-la e fica ressentida quando ele declina do convite. Ela tem uma idéia clara de quantas vezes por ano eles deveriam se ver. Na opinião dele, um par de vezes. Ela contrai furiosamente contra essa indiferença e sempre perde a calma, sem considerar o fato de ele ser um filho exemplar em todos os outros aspectos.

O que ela nunca levou em conta, durante essa longa e acirrada disputa, é que se ele negasse os próprios desejos e fosse visitá-la somente para agradá-la, ela estaria frente a frente com um filho que *não gostaria estar ali*. Será que tal situação poderia ser verdadeiramente satisfatória? Quem é beneficiado quando nossos parentes fazem coisas de má vontade, por culpa ou obrigação? Às vezes, nós conseguimos trazer a realidade para perto de nosso ideal, mas perdemos muita vitalidade no processo.

Essa dinâmica destrói muitas famílias. As pessoas se prendem a uma expectativa de como seus familiares deveriam ser, mas ninguém se encaixa em modelos. A resistência ao que são de verdade cria ressentimentos e rivalidades que duram anos. A aceitação, porém, oferece a todos uma chance de optar por não participar desse tipo de situação. A expansão que se segue é sempre agradável, mesmo que ninguém mais a sinta, e mesmo que a reação seja de uma contração ainda maior.

EXPECTATIVA NO AMOR

A mesma expectativa que ocorre no âmbito familiar é ainda maior nos relacionamentos íntimos. Nós esperamos que nossos parceiros atendam uma lista de critérios e depois exigimos que correspondam a essa lista.

Ele é bagunceiro demais.
Ele fala o tempo todo.
Ele é extremamente emotivo.
Ele não é ambicioso.
Ele não é ousado sexualmente.

Ela tem mania de limpeza.
Ela está sempre calada.
Ela é repressora.
Ela é gananciosa demais.
Ela nunca está satisfeita.

Nem o sexo nem a orientação sexual fazem diferença neste caso. Nós todos fazemos isso, o tempo todo, não importando qual característica está sendo atacada o momento. Aceitar os atributos de nossos parceiros pode nos aproximar ou nos afastar deles. Pode também levar a mudanças ou a maior estagnação. Mas irá sempre, independentemente do resultado, aumentar o espaço individual de ambos. E quando nos sentimos aceitos, ficamos mais disponíveis para diálogos produtivos.

Eu me lembro, com bastante clareza, da primeira vez que isso aconteceu entre mim e uma namorada. Embora quisesse ficar sozinho, eu concordei em encontrá-la. Dirigi até sua casa quase de forma automática. Eu esperava que ela estivesse ressentida com meu isolamento, que me chamasse de "fechado", e me dispensasse. Então, eu tentei esconder meus sentimentos, só que ela de imediato pressentiu aquilo. Sem outra escolha, eu confessei tudo e me preparei para o pior.

Ela apenas ouviu, assentiu e ponderou comigo o quanto eu estava me sentindo mal. Ela aceitou meu estado, permaneceu expandida e ficou do meu lado sem ficar na defensiva. A razão pela qual eu me lembro com tanta clareza deste episódio é porque nada parecido havia acontecido comigo antes. Eu cresci acostumado à idéia de que meus sentimentos estavam errados, sempre que eles conflitavam com o de outra pessoa. A possibilidade de que eu poderia simplesmente ter sentimentos, de que eu poderia ser eu mesmo, não importando quanto isolado eu fosse, foi revolucionária. Tornei-me tão agradecido, ironicamente falando, que passei a desejar ter muita intimidade com as pessoas. Este é o poder da aceitação para todos que estiverem interessados.

EXPECTATIVA INTERIOR

De todos os relacionamentos que aprisionamos com expectativas, nenhum se compara com o que temos com nosso interior. Nossas mentes estão cheias de vozes que nos encontram carentes e aproveitam qualquer oportunidade para se fazerem ouvidas. Em um momento estamos muito preguiçosos, no outro, obcecados. Em um momento somos muito egoístas, no outro, muito fracos. E isso não é apenas a "crítica interior", que é a que enfrenta maior pressão, mas sim um bando inteiro de entidades rivais lutando por suas reivindicações. Elas podem soar como nossos pais, nossos inimigos, e mesmo como nossos melhores amigos.

Na verdade, elas são como todos eles, ou cópias deles vivendo dentro de nós. Psicólogos as chamam de "introjeção", observam o modo como elas sobrevivem e, certamente, sobrepõem-se aos indivíduos que as originaram. Introjeções são como vírus da expectativa, demandando que nós sejamos o que não somos. Nós contraímos contra seu coro de reclamações e, depois, resistimos a seu ataque incessante. Quando, entretanto, nos abrimos à cacofonia e damos atenção integral a cada uma das vozes, algo fantástico acontece. Elas vêem, por meio de nossa expansão, que há espaço para todas. Elas param de gritar. De vez em quando, elas até se harmonizam. Como tudo o mais que sofre resistência, o que elas mais almejam é a aceitação. Algumas vezes, tão logo elas conseguem, param de interferir em nossas vidas.

Infelizmente, porém, nem sempre é isso que acontece. Algumas introjeções são tão fortes e tão persistentes que regulam nossas vidas com mão de aço. No Capítulo 25, contei o caso de uma amiga com eterno problema de excesso de peso. Quando jovem, esse problema culminou em uma completa desordem alimentar. Ela tornou-se bulímica e fez uso de vários purgantes perigosos. O traço característico de sua desordem era um apavorante tirano interior, um capataz autoritário que exigia magreza a qualquer custo.

Por muitos anos, minha amiga não conseguiu obter a conscientização necessária para ouvir esse tirano. Ela seguiu cada ordem, cordata e obediente. Achava que o tirano tinha a melhor das intenções, e pensava que ele falava com a voz dela própria.

Ela não podia aceitar o tirano porque se identificava demais com ele. Sua idealização de como ela deveria ser, sobrepujava o que ela realmente era.

PREFERÊNCIA

Mesmo agora, vivenciando as perguntas, minha amiga prefere ser magra a ser gorda. E isso também deve ser aceito. Vivenciar as perguntas, porém, permite a ela, assim como a todos nós, distinguir entre expectativa e preferência.

Enquanto a expectativa é um sentimento desagradável, implacável, a preferência surge delicadamente de nossas conexões e experiências. Quando conseguimos algo que estamos buscando, aceitamos sem nos agarrar com tanta força. Quando encontramos algo que não é de nosso agrado, deixamos acontecer, dizendo apenas "não, obrigado". Expandidos, reconhecemos que conseguir o que queremos não irá nos salvar, e não conseguir não irá nos destruir. Mesmo no presente, com a situação do jeito que ela é, a bênção já está disponível para ser escolhida.

Enquanto as preferências reconhecem o que existe, as expectativas focalizam o que não existe. Em lugar de aceitar a realidade, nós procuramos subvertê-la, e falhamos ao observar o defeito no esquema. Nada nunca é da forma como imaginamos. Nossas expectativas realizadas trarão, inevitavelmente, outros fatores que nos provocarão resistência.

Num nível mais pessoal, referindo-me de novo a minha carreira de roteirista, posso dizer que não tenho a menor idéia de como seria fazer um grande sucesso. Eu poderia gostar, ou preferir menos pressão. É impossível saber agora. O mesmo acontece a minha amiga que tem o pai desatento. Caso ele lhe desse a mais completa atenção, poderia revelar uma face diferente de seu caráter, que poderia ser igualmente sem atrativos para ela. E se aquele filho errante passasse mais tempo com sua mãe, talvez ela começasse a desejar que ele aparecesse menos. Minha amiga bulímica logo descobriu isso. Ela tomou tanto purgante que ficou magra, alcançando o objetivo de toda a sua vida. Descobriu, então, que isso a tornou frágil e irritadiça.

IMAGEM

Há um último fenômeno, relacionado com a expectativa e a preferência, que ilustra quase tudo que foi explorado neste capítulo. Ele se mostra um desafio mesmo aos mais expandidos. É sobre a enorme quantidade de energia que despendemos tentando moldar a forma como as outras pessoas nos vêem.

Em geral, quando nos sentimos talentosos, não suportamos que nos vejam como medíocres. Se nos consideramos bonitos, não suportamos que nos achem sem atrativos. Se nos achamos fortes, não suportamos que nos considerem fracos. E quando estamos inseguros acerca de nosso talento, beleza ou força, torna-se crucial que os outros confirmem isso. De um jeito ou de outro, quando eles não confirmam, o resultado inevitável é uma maior contração.

Se nada disso chamou sua atenção, vigie seus movimentos durante os próximos dias. Repare quantas vezes em uma conversa você escolhe palavras, com cuidado, para soarem de determinado modo. Observe quantas vezes você mede a atenção de seus ouvintes mudando a conversa de rumo para ver como eles reagem às suas palavras. Às vezes, fazemos isso de forma consciente, quando estamos vendendo um produto, uma idéia ou nós mesmos, mas, na maioria das vezes, fazemos isso somente para tentar controlar nossa imagem.

Há dois problemas em tentar controlar nossa imagem. Em primeiro lugar, é uma tarefa impossível. Não conseguimos ditar o que as pessoas vão pensar de nós e, com freqüência, quanto mais nos esforçamos, mais convictas elas ficam de sua percepção inicial. Em segundo lugar, dar tanta importância ao que as pessoas pensam de nós leva a um cuidado constante, a uma vigilância que nos bloqueia desde o início em nosso comportamento.

A boa notícia é que aquilo de que precisamos para controlar essa situação é algo simples e seguro. Tudo o que detestamos em nossa imagem, aos olhos de qualquer pessoa, aponta diretamente para uma parte de nós mesmos que está em forte resistência. Onde quer que esteja nossa preocupação, a resistência ali está.

Eu odeio quando as pessoas pensam que eu falo demais. Por quê? Porque de vez em quando eu *realmente* falo demais. Eu gostaria que fosse diferente, que eu já soubesse lidar melhor com esse hábito embaraçoso. A verdade, no entanto, é que muitas vezes esse hábito revela o que há de melhor em mim.

Todos nós gostaríamos de ser vistos de certo modo. Não há nada demais nisso — é só uma preferência. Mas, em geral, essa preferência pode se transformar em expectativa. Como saber a diferença? Somente siga a resistência.

Expectativa, para todos, é outra máquina de resistência. Ela nos arranca do presente com uma abstração, uma necessidade, uma certeza que poderá nunca acontecer. A aceitação, porém, permite-nos ir atrás de nossas preferências sem bloqueios. E, algumas vezes, mesmo sem estarmos procurando nada, nós descobrimos tesouros escondidos.

CAPÍTULO 28

Tesouro escondido

> *Quando as barreiras de nossa personalidade
> começam a ficar porosas, temos um encontro mais
> direto com a vida.*

SE SOMOS INSTÁVEIS, POR CULPA DO DESTINO OU POR CA-
racterística própria, mantermo-nos abertos fará a experiência nos
encantar. Descobrimos que nosso campo de consciência pode
crescer cada vez mais. Tudo o que achávamos que éramos começa a variar numa ordem inconstante. Pensamentos, sentimentos,
desejos, sensações — eles são responsáveis pela experiência da
vida e não nos colocam limites. Conexões, biografia, perspectiva,
preferência sugerem nosso curso, mas não são a embarcação. E
onde, então, está a embarcação? De que ela é feita? E quem somos nós, perguntamos enfim.

Quem sou eu? À primeira vista tal pergunta pode parecer
retórica, adolescente, ou irrelevante nos dias de hoje. Se não
conseguimos mais nos identificar com o fenômeno da experiência, se não estamos mais resistindo ao que aparece, então responder a essa pergunta assume uma importância vital. Sem uma
resposta, podemos com facilidade ficar desorientados, sem objetivos.

Muitas religiões e filosofias apresentam uma resposta pronta, mas adotar uma resposta por fé pode levar ao mesmo tipo de contração que uma opinião fortemente arraigada. É melhor, como sempre, descobrir respostas por meio de nossa experiência. Também é um erro supor que há uma resposta definida ou decisiva. Em vez disso, confiando em nossa nova técnica, podemos optar por vivenciar as perguntas.

Vivenciar esta pergunta em especial — *Quem sou eu?* — sempre traz à tona um mundo de assuntos relacionados. Começamos a lutar para descobrir o objetivo da vida, o seu sentido. Dentre as conclusões mais comuns: estamos aqui para crescer; para aprender; para nos salvar; para servir aos outros; para servir a Deus; para nos divertir; para amar.

Embora conclusões como essas sejam bastante pessoais, elas não passam de idéias. Elas nos oferecem uma história, uma interpretação atraente para algo que está além do poder do pensamento. Elas satisfazem, de tempos em tempos, uma mente incansável e oscilante. Mas, para que elas surjam claras e em determinado momento, e para fazer justiça a essas novas questões, é necessário que não tentemos interferir.

Algumas vezes, quando não conseguimos encontrar uma resposta a que possamos nos agarrar, pode parecer que não somos nada. Outras vezes, oprimidos pela torrente estrondosa da vida, pode parecer que somos tudo de uma só vez. Essas duas impressões são, na verdade, os dois lados de uma mesma moeda. Elas são um exemplo do que acontece quando as barreiras de nossa personalidade se tornam porosas. Nós enfrentamos a vida diretamente, sem nada para mediar sua intensidade. Nesses momentos, nós vemos claramente que a personalidade que carregamos é, nada mais nada menos, do que uma ferramenta de nosso organismo, um sistema que nos permite funcionar, mas que também, de forma milagrosa, nós temos a habilidade de sobrepujar.

Quando conseguimos "passar por cima", seja por um momento ou por vários, encontramo-nos dominados por forças poderosas e indescritíveis, tão sedutoras quanto indomáveis. Esses tesouros escondidos são nossos, mas não devemos retê-los. O primeiro deles, claro, é a bênção. Um coração alegre e afetuoso irradia naturalmente desse espaço *trans*pessoal.

A bênção, entretanto, não é a única dádiva nessa jornada. Logo percebemos um sentido nos ritmos mais significativos da vida. No hinduísmo, isso é conhecido como Shakti; na língua hebraica, como Ruach; no cristianismo, como Espírito Santo; na cultura pop, como O Círculo. Nenhum desses termos tem exatamente o mesmo significado, mas cada um descreve aspectos do que pode nos engrandecer provindo das regiões além do "Eu" (Superior).

Na psicologia de Jung, esse reservatório independente do ser é denominado de "Eu" (Superior). Essa terminologia sugere que cada um de nós possui uma dualidade de identidades. Vendo por um prisma positivo, nós somos um "eu" específico, mas estaríamos unidos eternamente a tudo o que existe. Nós exploraremos o conceito de dualidade de identidades um pouco adiante; por enquanto, vamos manter nosso foco nas experiências individuais.

Para muitos, experiências "sublimes" são as que levam a um encontro direto com o Eu. Para alguns, isso acontece por meio de práticas espirituais, como a meditação ou o ioga. Para outros, já faz parte de nós. Outros, ainda, tocam nesse assunto periodicamente, referindo-se a manifestações paranormais, intuição, percepção extra-sensorial ou episódios de viagens mentais para fora do corpo.

O Eu e o ego podem parecer que se excluem mutuamente, como terras distantes separadas por um imenso golfo. Mas o que une esse golfo é a parte de nós que presencia tudo, a parte que assiste à parada da vida como uma câmera fixa e impassível. Essa testemunha, que existe em todos nós, observa calmamente os arredores nas duas margens do golfo. A testemunha observa, momento a momento, que nós podemos, num instante, trocar de lado. Ela também nota que ambos podem existir ao mesmo tempo. Já que nós estamos mais familiarizados com experiências pessoais, as experiências transpessoais nos soam sempre um pouco fantásticas. Em algumas culturas, no entanto, os dois lados têm a mesma importância: tocar o Eu pode ocorrer a cada hora, todo dia, ou, em alguns casos, quase o tempo todo.

O grande portão para o Eu é a aceitação, a presença, a difícil e consistente arte de não fazer. Em outras palavras, vivenciar as perguntas é nosso ingresso grátis, mas a travessia requer uma troca. Nós devemos estar prontos para renunciar a nosso sentido de controle pessoal e deixar que o Eu determine o fluxo da vida. Devemos aceitar esse fluxo quando ele é difícil e tumultuado, mesmo insuportável, e não somente quando o caminho é fácil. Devemos expandir sempre, beirando a dissolução total, abrindo espaço para os mais extraordinários mistérios.

CAPÍTULO 29

Mistério

O único caminho para se conseguir o máximo de expansão é viver cada momento sem prevenções.

QUANDO EXPLORAMOS O TERRENO DO TRANSPESSOAL E LIDAmos com a dissolução, o "Eu" fica desesperado. Ele sente um golpe, sente o fim de seu domínio, e pagará qualquer preço para proteger seu espaço. Esperando pacientemente com seu arsenal pronto, a postos para essa batalha atmosférica, estão os mais persistentes tipos de contração.

FOGOS DE ARTIFÍCIO

Das três armas que vamos citar, a primeira a ser usada é, em geral, a da contração do "novo convertido". Ao experimentar o Eu, com suas ondas de poder e prazer, podemos ficar hipnotizados pelos fogos de artifício e virar as costas para a realidade. Nós achamos que "criamos aquilo" e passamos a convocar o Eu em todas as oportunidades. Não importa se conseguimos aquilo com a ajuda de Deus ou de um guru, sozinhos ou em grupo, nosso objetivo agora é ter sempre a grandeza espiritual.

Porém, se há grandeza, então também deve haver pobreza espiritual. Agarrar-se ao Eu é igual a qualquer outro bloqueio. Causa contração em relação a tudo o que aparece, em especial em relação aos problemas "mundanos", tais como lavar a roupa ou pagar as contas. Faz-nos sentir superiores e condescendentes com as pessoas que ainda não descobriram o mesmo caminho. Surpreendentemente, a resistência ocorre com a mesma freqüência tanto fora do "ego" quanto dentro dele. Quando isso acontece, como sempre, vemo-nos arremessados para fora do "momento".

INCHANDO DE ORGULHO

Uma segunda contração bem comum é o engano quanto à grandeza e à pobreza espiritual; quando acreditamos que o "ego" e o Eu são unos e iguais. Nesse caso, visualizamos o cenário transpessoal como um estado real e tentamos anexá-lo como parte do poderoso "eu". Sentimo-nos especiais por termos chegado tão longe, por termos sido escolhidos e inflamos com a suposta distinção. Em vez de renunciar ao controle, nós tentamos reavê-lo, transformar o fluxo da vida em um curso pré-direcionado.

Isso acontece em grande escala com pregadores corruptos e mestres que traem seus seguidores em busca de um poder cada vez maior. Como a posse desses poderes é justamente o que dá credibilidade e apoio, a traição é uma tragédia dupla.

O mesmo acontece, em menor escala, com alguns tipos de "curandeiros energéticos". Eles fingem possuir um poder, que na verdade flui através deles, e codificar seu mistério inerente. Não quero dizer que os elementos da cura não possam ser ensinados ou explicados, só que a prática por eles utilizada requer o máximo de humildade. Sem humildade, no entanto, suas agendas de trabalho facilmente serão vistas como a vontade de Deus.

Isso também pode ocorrer com pessoas comuns, com qualquer um de nós, quando paramos de estar presentes integralmente a cada momento. Não estar presente, nesse contexto, significa acreditar que, enfim, completamos nosso aprendizado. Com a chegada de novas e profundas experiências, com o vislumbre de um conhecimento maior, começamos a achar que a vida estará sempre em conformidade com aquilo que aprendemos. Pior ainda, tornamo-nos supostos tradutores da agenda da vida, proclamando o que é ou não é a harmonia universal.

Uma conexão profunda com o meio ambiente, por exemplo, pode nos levar a ajudar na defesa da floresta tropical. Nós temos que gastar tempo, dinheiro e habilidade em prol da preservação de uma região específica, de acordo com nossa preferência, que não irá ceder. Nenhum problema até então. É uma vontade de perseguir nossos objetivos. Porém, no momento em que decidimos que nosso objetivo *tem* que ser alcançado, e que o destino da Mãe Natureza está ameaçado, nós estamos cruzando uma linha em direção a sérias contrações.

A verdade é que nós simplesmente não podemos saber o propósito final de absolutamente nada. Quem sabe, neste exemplo, se a destruição da região não iria alarmar a opinião pública? Um recuo estratégico, em alguns casos, pode trazer uma eventual vitória.

Ainda sobre ganhar e perder, tal destruição talvez não tivesse propósito algum. Ela poderia apenas estar acontecendo. Não importa quanto nossa perspectiva abarque o transpessoal, ainda assim é uma visão limitada. Os motivos de qualquer acontecimento nunca são algo que podemos dimensionar por completo. Alguns os atribuem ao karma, ou a um projeto divino, mas mesmo essas concepções podem alimentar nossa necessidade por um universo metódico.

Enfrentar de cara o que nos afronta, o que fere nosso senso de inviolável, significa aceitar o que não fazem sentido. Para cada ocorrência sincronizada que sugere que todas as coisas acontecem por alguma razão, deve haver um igual número de explosões caóticas que sinalizam exatamente o contrário. Vivenciar as perguntas, com coragem verdadeira, requer que aceitemos essa contradição.

FINGINDO SABER

Em casa, repletos de uma recém-descoberta reverência pela vida, nós damos conselhos às pessoas queridas a partir da presunção de um conhecimento maior. Isso aconteceu comigo quando um amigo sentiu-se vítima de um sério vício. Eu dizia constantemente a ele que aquela autodestruição não era de seu interesse. Quanto mais ele perdia o controle, mais eu me contraía. Como um tal comportamento prejudicial poderia ser parte da realidade? Eu estava certo de que não era, até que meu amigo atingiu o fundo do poço.

Lá, sem ter onde se segurar, ele finalmente se permitiu desabar e tentar se curar. A profundidade de sua transformação foi impressionante. Eu tinha que admitir, em retrospecto, que aquilo não teria acontecido se ele tivesse seguido meus conselhos desde o início.

Porém, mesmo que as coisas não tivessem terminado bem, que ele tivesse tomado uma overdose e morrido, eu não estaria nem um pouco mais certo. Somente minha aceitação acerca de suas escolhas, mesmo considerando a morte, teria me feito integralmente presente. Sem amor e compaixão, nós podemos sempre discutir, mas vivenciar as perguntas requer que coloquemos o tempero da dúvida em toda orientação que dermos, e que fiquemos abertos quando essa orientação não for ouvida.

Estar aberto é sempre um grande desafio quando a nossa própria vida está sendo misteriosamente contrariada. Vivenciamos as perguntas, abrimos a fonte e nos deleitamos com a bênção, e nem assim nossa situação melhora. Nós sabemos que não há uma correlação direta, que a bênção da existência não está relacionada a condições externas. Ainda assim, não conseguimos escapar da persistente suspeita de que estamos fazendo algo errado. Perguntamo-nos por que não estamos mais saudáveis, por que não encontramos o parceiro perfeito e por que estamos quebrando pedras no trabalho.

Em minha carreira de roteirista, sempre que eu me deparava com uma crítica ruim em algum jornal, ficava tentado a contrair contra a situação e analisar à exaustão cada movimento. Será que eu devo mudar meu estilo? Mudar meus agentes? Escrever outro gênero de roteiro? Observando bem esse tipo de análise, ela revela um falso orgulho. Por mais que o "ego" não admita, nenhuma convicção espiritual confere o saber absoluto. Estratégias podem ajudar a organizar nossos esforços, mas não podem nunca garantir os resultados. Se eu forço a barra ou desisto, mudo de tática ou permaneço no curso, o fim das críticas ruins será sempre um mistério como foi seu começo.

O ENGANO DA AUTO-ESTIMA

Por fim, a terceira contração que nos envolve nessa conjuntura também é um tormento. Ela surge de uma vontade genuína de crescimento pessoal. Sem inflar inadequadamente, podemos estudar o transpessoal como alunos dedicados. Podemos aprender novos tipos de práticas espirituais, ou artes marciais, ou freqüentar workshops de confecção de molduras nos fins de semana. Podemos devorar os livros sagrados, testar nossos limites e experimentar grandes austeridades.

Nenhuma dessas atividades, por si só, representa um problema. Lentamente, porém, se negligenciarmos a vivência das perguntas, o engano da auto-estima vai se infiltrando. Começamos a nos apaixonar pela idéia do Eu, com sua coleção de novos atributos e, nesse processo, acabamos colocando de pé o que havia sido destruído. Essa luta pela perfeição mantém o Eu de lado e ergue barricadas contra a plenitude do momento. Por mais bem intencionados que nossos esforços sejam, o "ego" coopta esses esforços para objetivos menos louváveis.

A única maneira de conseguir o máximo de expansão é viver cada momento sem prevenções. De outra forma, nós acabamos resistindo ao que não se encaixa no nosso modelo. Não importa o quanto sabemos, ou quão evoluídos nos tornamos, devemos colocar um pouco de tudo isso de lado. Devemos caminhar em direção ao mistério nus e indefesos. Devemos praticar o que Zen chama de "mente iniciante".

A mente iniciante é semelhante à sabedoria de Sócrates, que disse "tudo o que sei é que nada sei". Esse tipo de conscientização humilde leva a uma grande receptividade. Ela possibilita o máximo de descobertas. Ela assegura que nossas lentes novas e melhoradas não vão impossibilitar a visão. A complexidade, quando permitimos, impede-nos de permanecer absolutamente simples.

Junto à mente iniciante caminha uma liberdade tão agradável quanto a bênção. Ficamos até dispostos a dispensar a bênção, caso ela não seja necessária no momento. Vivenciar as perguntas com tal expansão sempre nos deixa maravilhados. Seja ínfimo ou gigantesco, glorioso ou terrível, todo aspecto da criação brilha. Em vez de apenas reconhecer ou observar, estamos prontos para experimentar o mistério em primeira mão. E então, possivelmente, nós próprios personificaremos o mistério.

CAPÍTULO 30

Mais mistério

*Nós experimentamos nossa existência,
simultaneamente, tanto em termos relativos
quanto em termos absolutos.*

QUANDO EU ESTAVA NO ENSINO MÉDIO, MEU MELHOR AMIGO tinha um estoque de respostas prontas contra insultos. Ele contorcia sua face com raiva e gritava: "Se eu sou borracha, você é cola. Qualquer coisa que você diga bate em mim e gruda em você."

Poucos anos mais tarde, num domingo na escola, o rabino fez uma preleção em minha classe sobre críticas. "Nós sempre encontramos defeitos nos outros", ele disse, "que não somos capazes de enxergar em nós mesmos."

Recentemente, eu percebi que meu amigo e o rabino estavam dizendo o mesmo. Projeção não diz respeito somente à ética ou à psicologia. É uma idéia tão elementar que está presente até no playground. Como visto antes, a projeção ocorre quando nós confundimos o interior com o exterior. Introjeção ocorre quando confundimos o exterior com o interior. Cada um funciona como um espelho do outro. Por que isso ocorre, no entanto, é algo nada claro.

Os dois últimos capítulos exploraram o modo como vivenciar as perguntas, muitas vezes, quebra as barreiras entre o "Eu" e o ego. Nós vimos que a divisão entre nós mesmos e o resto do mundo é uma ilusão. É uma ilusão que nos permite atuar, mas que também requer que aprendamos a ver além dela. Ver além da ilusão da divisão que nos separa do mundo é o que soluciona a charada do interior e do exterior.

A resposta à charada é que nem o interior nem o exterior existem. Eles, na verdade, são um só e o mesmo. Em um nível fundamental, nós somos o mundo. Logo, o mundo somos nós. Não me admira, portanto, que eu seja a borracha e você seja a cola. Não me admira que os defeitos que encontrei em você possam também ser os meus.

Esse princípio é observável em todos os aspectos da vida. A ciência, por exemplo, demonstra que a interdependência entre os elementos da natureza é o que permite a existência da vida. Do ar que respiramos à comida que comemos, ao amor que compartilhamos, nenhum de nós é uma ilha. Todos nós funcionamos ou "malfuncionamos" como um todo.

A sensação visceral de unidade é o que muitos de nós encontramos quando experimentamos o transpessoal. É o que os místicos celebram em seus textos (veja o Capítulo 16), e que pode também ser explorado e experimentado por qualquer um, a qualquer momento. Lidar com emoções é um bom ponto de partida.

MOMENTOS DECISIVOS

Vejamos o modo como respondemos aos defeitos de nossos amigos. Alguns nos parecem inofensivos, até mesmo encantadores. Outros defeitos, no entanto, fazem-nos contrair de raiva. Qual é a diferença, então? Por que a variação? Por experiência eu diria que há um padrão. Quanto mais emoção tal defeito nos desperta, mais fortemente ele reflete algo dentro de nós.

Pode parecer uma reiteração do que o rabino disse, mas não é. Quase sempre, o defeito de um amigo não espelha uma falha similar em nós mesmos, e sim *uma parte de nós que temos contraído*.

Eu tenho uma cisma, por exemplo, com amigos que não retornam os telefonemas. Telefonema não respondido é algo que eu simplesmente não suporto. É fácil deduzir que eu retorno todas as minhas chamadas com uma velocidade quase compulsiva. Eu me empenho para ser respeitável, responsável e contraio quando não fazem o mesmo. E esse é justamente o ponto. Eu sou tão obcecado com responsabilidades que qualquer impulso para deixar as coisas correrem mais frouxas, ou para deixar alguém de lado, sofre uma resistência com amargura em meu interior.

Esses momentos existem, e cada novo telefonema sem resposta comprova a realidade. Tão logo eu aceito esses impulsos em meu interior, de forma integral, a carga da experiência diminui. Eu ligo de novo somente para checar, ou espero pacientemente, como faço quando alguém atrasa para um compromisso. Nesse caso não há estresse, já que uma pequena tendência para a falta de pontualidade é uma falha que há muito eu já me perdoei.

Deixe-me tentar a fórmula de outra maneira. Quanto mais algo é represado dentro de nós, mais ele aparecerá no exterior. Conscientização, vista por esse ângulo, é como uma fila única — uma experiência unificada, porém sem ligações, que aparentemente se divide em duas. Quando já estamos para explodir, tendo uma reação emocional insustentável, lembramo-nos de sua inerente fusão.

Um escultor que conheço detectou isso em seu problemático casamento. Seu sonho era viver de sua arte, mas até então ele estava tendo que se conformar em ensinar na escola local. A esposa não apoiava seu sonho porque ela questionava seu talento. Raramente isso era expresso de modo aberto — era muito doloroso para ambos — mas de vez em quando o problema aflorava.

Há pouco tempo, durante uma discussão, ele aflorou. Mesmo com os ânimos exaltados, o escultor conseguiu clareza suficiente para vivenciar as perguntas. E então, no calor do momento, veja o que ele encontrou:

～

O que está acontecendo neste exato momento?

> Estou com raiva. E frustrado. Por que diabos ela não confia em mim? Como posso estar casado com alguém como ela?

Será que posso viver com isto?

> Por que eu deveria? Eu mereço algo melhor!

O que está acontecendo neste exato momento?

> Quanto mais me esforço para fazê-la compreender, menos ela entende. Ela continua contraindo contra mim. Eu continuo contraindo contra ela.

～

Nesse instante, o escultor descobriu a pólvora. Uma discussão sempre ocorre dentro de nós ao mesmo tempo em que está acontecendo no exterior. Mais do que atacar sua esposa ele queria tentar *deter a própria dor*. Num ato de total desesperança, ele se torturava e dizia: "faça-me melhor".

Você se lembra da comparação que fizemos com o "pisar na mangueira d'água?" Este é outro exemplo perfeito. Só que neste caso tudo foi ainda pior, já que havia *duas* mangueiras igualmente pressionadas.

Com essa constatação, o escultor pediu um tempo e continuou com as perguntas.

~

O que está acontecendo neste exato momento?

Eu estou contraído, resistindo. Há algo que não quero reconhecer. Deve ser algo sobre ela não acreditar em meu potencial. Esse simples pensamento me deixa louco.

Será que posso viver com isto?

Com o sentimento de não ser reconhecido? Caramba! É difícil! Vamos voltar.

O que está acontecendo neste exato momento?

Estou percebendo que há uma parte de mim que não acredita no meu trabalho. Ela está escondida, mas é forte. Não me admira que volta e meia discutamos sobre isso. Toda vez que minha esposa me questiona é como se estivesse jogando sal na ferida.

~

Por estar presente, o escultor percebeu que o defeito que ele via na esposa era um reflexo da própria e profunda contração. O problema entre eles não desapareceu, mas dali em diante agiram de forma diferente. Eles já conseguiam falar sobre o assunto sem explodir. E cada um deles, separadamente, começou a explorar seus sentimentos acerca de sucesso, falhas, criatividade e repressão. Durante o processo cada um "retirou" as projeções que havia feito sobre o outro. Eles cresceram, para poder aceitar a fila única de seu casamento.

Um aspecto agradável da fila única é o modo como dois corações abertos se conectam. Quando queremos sentir amor por outra pessoa nós atraímos atenção para o nosso próprio coração. Nós vamos ao interior, vemos como é, e depois ao exterior. Muitas pessoas, porém, não conseguem acessar o amor internamente. Elas precisam ser amadas para sentir amor. Isso, claro, é ir ao exterior para depois ir ao interior. Seja como for, o amor que surge não é diferenciado. Ele pára o tempo, encurta as distâncias e nos funde em uma união indivisível.

UM DESTINO DUPLO

Um segmento inteiro de pensamento hindu é devotado a essa abordagem de unificação, é chamada Advaita, que significa, simplesmente, "não dois". A Advaita diz que cada momento se concretiza em completa perfeição, com completa inteireza e nada poderia ser diferente do que é. Se contraímos ou expandimos, mudamos ou estagnamos, são conclusões posteriores.

Nosso pior erro, de acordo com a Advaita, é acreditar no "eu". É uma espécie de ateísmo às avessas, que afirma que você e eu somos ilusão, e que somente Deus existe. Uma experiência direta desse tipo de inexistência consciente, a do místico Santo Graal, pode provar uma impressionante liberação. É um flash da essência que pode acelerar nosso despedaçamento ou renová-la profundamente. Também pode acabar com a nossa rotina diária.

Afogar-se na individualidade é, antes de tudo, uma forma de se afogar.

Se tudo é perfeito, que diferença faz o que eu faço ou deixo de fazer? Se tudo é Deus, então por que o fato de ser eu importaria alguma coisa? Perguntas como essas surgem, inevitavelmente, quando nos afogamos na individualidade. Elas nos paralisam com indecisão e roubam nosso senso de direção. É irônico, mas expansão em demasia leva a um novo tipo de contração. Nós começamos a nos agarrar ao universal e a negar o particular. Em outras palavras, paramos de nos preocupar só com as árvores daquela determinada floresta.

Vivenciar as perguntas à luz da individualidade requer um raro talento. É preciso que aceitemos o paradoxo final, que possamos ver a floresta *e* as árvores, o "Eu" *e* o ego. A bênção da existência aparece tanto na separação quanto na unificação. Neve, basquete, orgasmo, pizza — cada um de nós tem uma lista própria de milagres distintos. E o curso incessante da vida de dados menos importantes — lápis, impostos, roncos, sapatos — é igualmente expressivo.

Vivenciar as perguntas à luz da individualidade nos remete a um destino duplo. Nós experimentamos nossa existência, simultaneamente, tanto em termos relativos quanto em termos absolutos. Nós aprendemos a segurar o pano e a ser a agulha. Isso nos permite fazer escolhas, tomar posições e perseguir nossas paixões como todo mundo. Isso torna possível para nós desenvolver e exultar nossa singularidade. Todo o tempo, no entanto, ficamos conectados com uma glória maior. Como resultado, nós não nos levamos tão a sério. Nós identificamos a resistência antes e deixamos que ela se vá com facilidade. Nós apreciamos o mistério de cada momento, tão infinito quanto específico.

Vivenciar as perguntas à luz da individualidade é uma fusão de afirmações e entregas, movimentos e estagnações, curiosidades e convicções. Nós aceitamos tudo, e não nos fechamos para nada.

CAPÍTULO 31

Mistério ainda maior

A IDÉIA PARA ESCREVER ESTE LIVRO ME OCORREU DURANTE minhas meditações diárias. Ela foi se fortificando durante algumas semanas. Logo eu me vi tomando notas, e então passagens inteiras começaram a fluir. Entretanto, não foi sempre fácil ou tranqüilo. Vivenciando as perguntas, eu reparei que uma parte de mim estava reticente, tímida, assustada com o fato de que tudo já havia sido dito. Ao mesmo tempo, uma outra parte de mim queria cantar, queria adicionar uma outra voz ao coro.

É verdade que não há nada novo sob o sol, e também é verdadeiro que você não pode mergulhar no mesmo rio duas vezes. Então, eu tive cuidado com minhas palavras para honrar as proposições universais, sem negar as pessoais. Como resultado, senti o coro interior me apoiando, harmonizado, enquanto eu cantava o meu solo.

Durante a escrita, eu fantasiei sobre o que poderia acontecer quando o livro estivesse terminado. Eu me vi em noites de autógrafos, nas lojas e no programa da Oprah. Isso é parecido com a situação do roteirista que sonha com o discurso que fará na entrega do Oscar, mesmo antes de terminar seu primeiro esboço. Agora que estou acostumado com esse processo, considero tudo isso motivo para boas risadas, o que não me afasta de vivenciar as perguntas, de reconhecer o fato de que o trabalho completo está inteiramente fora de meu alcance. Entrevistas na televisão podem acontecer, assim como a perspectiva de não conseguir publicar. Quem sabe o resultado de toda essa bênção ficará guardado em um baú, esquecido, para ser descoberto daqui a algumas décadas por um parente curioso.

Aconteça o que acontecer, quer estas palavras alcancem uma pessoa ou uma multidão, eu quero expressar minha gratidão a você que enfrentou a jornada. Como escrevi no início, espero que não termine tudo por aqui. Eu desejo que você teste cada uma das minhas observações no laboratório de sua própria vida e que você deixe que a experiência pessoal dê o veredicto final.

Aproveite o que funciona, descarte o que não funciona, e siga adiante sempre que puder. Mantenha seus olhos bem abertos todo o tempo. Vivenciar as perguntas sempre nos leva a um território virgem. Sem a ajuda de um mapa, você vai querer seguir qualquer peregrino que encontrar.

Logo, assim que as lembranças deste livro forem se apagando de sua memória, muitos de seus pontos principais irão se apagar também. Não há problema — é assim mesmo que funciona. Mas para vivenciar as perguntas integralmente, em qualquer situação, tudo o que você precisará lembrar são alguns conceitos fundamentais...

Contração — *uma resposta instintiva a algo que não queremos*

Expansão — *o estado de estar conectado a todas as coisas*

Resistência — *uma opção, conscientizar ou permanecer contraído*

Conscientização — *uma separação suficiente da resistência que permita reconhecer que ela está ali*

Aceitação — *o reconhecimento e a admissão de todas as experiências*

Presença — *o processo de aceitação momento a momento*

Bênção — *felicidade mais amor menos causa, a música do coração sempre em expansão*

E também, é claro, há as próprias perguntas.

~

O que está acontecendo neste exato momento?

Será que posso viver com isto?

~

Vivenciar as perguntas é dizer sim à vida, a tudo que ela oferece, em especial a seu mistério radiante. Esse mistério é o que nos une neste momento e ficará conosco para o resto de nossos dias. Como não é importante se vivenciamos as perguntas de forma correta agora, nunca saberemos o que acontecerá depois.

Agradecimentos

ESTE LIVRO FOI CRIADO PARA SER O ESPÍRITO DO AMOR DE muitos. Expresso minha gratidão, em primeiro lugar, a Stephany Evans, superagente e sábia solitária, cujo comprometimento com o projeto foi, e ainda é, inspirador. Meu agradecimento sincero a meu criterioso grupo de primeiros leitores, que pacientemente me ajudaram insistindo no manuscrito até sua clareza e detalhes finais. São eles: Mary Beth Albert, Josh Baran, Elise Cannon, Lynda Harvey, Leslie Jonath, Terry Patten e Kate Taylor. Agradeço a toda equipe da Quest, editora original, por compartilhar e moldar a concepção do livro.

Gratidão permanente a minha família, Frieda, Randi, Bruce, Andrew, Emmy, Sharon, Jake, Eli, Frederic, Margie, Felton e Boone. Uma lembrança especial para ser grato a Robert Cushnir, meu pai, que tem apoiado todas as minhas aventuras, mesmo as mais místicas.

Nossos verdadeiros amigos e incentivadores simplesmente nos servem de testemunha ao longo dos desafios da vida. Se eles apontam nossas resistências de tempos em tempos, e nos direcionam com generosidade para a aceitação, então o tesouro é ainda maior. Em relação a isso, meus primeiros leitores aqui mencionados fizeram, todos, jornada dupla, e foram ajudados ao longo do caminho por Ann Armstrong, Cynthia Bissonnette, Cynthia Hagen, Marilyn Hershenson, Barbara Molle, Tom Paris, Lorraine Soderberg, Mercedes Terezza, Frederic Wiedemann e Adam Wolff.

Além disso, estou em débito com as almas corajosas e autênticas que me permitiram reproduzir seus diálogos interiores nestas páginas.

Finalmente, minha profunda gratidão a todos aqueles que vivenciaram as perguntas ao longo dos anos e nos deixaram um registro de suas jornadas. Místicos, peregrinos, rebeldes, santos — suas vozes deram força à minha e trilharam o caminho para a bênção.

Este livro foi composto na tipologia Goudy Old
Style, em corpo 10,5/14, e impresso em papel
Offset 75g/m² no Sistema Cameron
da Divisão Gráfica da Distribuidora Record.

Seja um Leitor Preferencial Record
e receba informações sobre nossos lançamentos.
Escreva para
RP Record
Caixa Postal 23.052
Rio de Janeiro, RJ – CEP 20922-970
dando seu nome e endereço
e tenha acesso a nossas ofertas especiais.

Válido somente no Brasil.

Ou visite a nossa *home page*:
http://www.record.com.br